Brieven van een scep

Dr. Gregory A. Boyd
& Edward K. Boyd

Brieven van een scepticus

Een zoon schrijft met zijn ongelovige vader

Uitgeverij De Vuurbaak Barneveld

In liefdevolle nagedachtenis opgedragen aan Arlyle Boyd

ISBN 90 5560 188 8
NUGI 632

Omslag: Rob Lucas
Vertaling: B. Seldenthuis

Original edition published in English under the title *Letters From a Skeptic* by Chariot Victor Publishing, a division of Cook Communications, 4050 Lee Vance View, Colorado Springs, Colorado 80918, USA.

Inhoud

Edward K. Boyd woont in Lake Placid, Florida. Hij is vader van zes kinderen, grootvader van vijftien kleinkinderen en overgrootvader van negen achterkleinkinderen. Hij heeft 35 jaar bij Uniroyal Tire Company gewerkt in de verkoopleiding. Na vele jaren agnost geweest te zijn, werd de heer Boyd op 73-jarige leeftijd christen.

Gregory A. Boyd is hoogleraar in de theologie aan het Bethel College te St-Paul, Minnesota. Hij haalde zijn doctoraal filosofie op de universiteit van Minnesota, zijn theologische bevoegdheid aan de Yale Divinity School, en promoveerde aan het Princeton Theological Seminary. Hij is bevestigd als predikant en is dominee van Woodland Hills Church in St-Paul, Minnesota. Hij heeft drie boeken en talloze artikelen over theologische onderwerpen gepubliceerd. Hij is gehuwd met Shelley Boyd en heeft drie kinderen.

Woord vooraf

Uitzonderlijk intelligent, door en door sceptisch, van een zeer sterke wil en zeventig jaar oud – zou er een onwaarschijnlijkere kandidaat-bekeerling te vinden zijn dan mijn vader? Hij had mij weinig reden tot hoop daarop gegeven. Mijn vader had nooit enige openheid ten opzichte van het evangelie getoond. Hij koesterde alleen maar wrok tegenover de kerk en had een uitgesproken afkeer van wat hij 'van die wedergeboren types' noemde. In de veertien jaar die verliepen vanaf het moment dat ik christen werd tot aan het begin van onze correspondentie hebben hij en ik maar een paar gesprekken gehad over het geloof. Ze verliepen allemaal ongemakkelijk, waren zeer kort en volslagen nutteloos. Eerlijk gezegd had ik de hoop op zijn redding al zo goed als helemaal opgegeven.

Maar ondanks dat voelde ik me vanaf maart 1989 heel sterk gedrongen door de Here om nog eens te proberen het christelijk geloof te bespreken met mijn vader. Ditmaal niet in de vorm van gesprekken, maar per post. Mijn idee was een langdurige dialoog waarin we al onze kaarten op tafel zouden leggen. Ik zou hem gelegenheid geven om al zijn bezwaren tegen de waarheid van het christelijk geloof uiteen te zetten. Hij zou mij de gelegenheid geven om op deze bezwaren te reageren en ook positieve gronden te geven om in Christus te geloven. Eerlijk gezegd dacht ik in het begin dat er niet veel van terecht zou komen. Maar wat had ik te verliezen?

Tot mijn verrassing nam mijn vader de uitnodiging aan. En bijna drie jaar en dertig brieven na het begin van onze briefwisseling gebeurde het op 15 januari 1992 dat Jezus als Here en Redder in het leven van Edward K. Boyd kwam.

Om verschillende redenen denk ik dat het waardevol is om deze correspondentie publiek te maken. In de eerste plaats zijn er massa's christenen die, net zoals ik, mensen kennen van wie ze houden, maar die niet gelovig zijn. Sommigen van hen zijn misschien even rationalistisch, even sceptisch als mijn vader en kennelijk even 'hopeloos'. Ik bid dat deze correspondentie tussen mijn vader en mij ook voor anderen zinvol mag zijn, niet alleen als bron van hoop, maar ook als bron van informatie voor gelovigen die in vergelijkbare omstandigheden verkeren. De vragen en bezwaren die mijn vader opwerpt, zijn de meest voorkomende vragen en bezwaren die niet-gelovigen hebben omtrent het christelijk geloof.

In de tweede plaats kan deze dialoog de helpende hand bieden, zowel aan gelovigen die worstelen met de rationele fundering van hun geloof, als ook aan niet-gelovigen die net als mijn vader over de waarheid van het christelijk geloof aan het nadenken zijn. Hoewel onze correspondentie zeker geen uitputtende kritiek en verdediging van het christelijk geloof geeft, betreffen de scherpe vragen van mijn vader toch bijna alle relevante tegenwerpingen en roepen ze vrijwel alle ter zake dienende overwegingen ter verdediging van het christelijk geloof op.

En ten slotte kan, naar ik geloof, deze correspondentie van dienst zijn voor studenten in de apologetiek en persoonlijke evangelisatie. Veel te vaak wordt de studie van de apologetiek gezien als een 'ivoren toren'-discipline die van maar weinig nut is voor waar het werkelijk om gaat bij het verbreiden van het evangelie. Tegenwerpingen tegen het christelijk geloof, zo nemen we vaak aan, zijn 'in werkelijkheid' moreel, en niet verstandelijk van aard. Wat zondaars nodig hebben is prediking, geen redeneringen.

Ik hoop van harte dat deze dialoog kan helpen deze mythe te ontzenuwen. Natuurlijk is er bij een ongelovige altijd een spirituele dimensie in zijn weerstand tegen het evangelie (2 Korintiërs 4:4) en verstandelijke beschouwingen zijn nooit in en van zichzelf voldoende om een ongelovig hart te bekeren. Gebed en geestelijke oorlogvoering zijn daarbij altijd nodig. Maar dat betekent zeker niet dat de rationele obstakels die de ongelovigen tegen het geloof opwerpen, niet serieus gemeend zijn. En ook niet dat de gelovigen de verstandelijke fundering van het geloof dat zij aanhangen niet zouden hoeven kennen en uitdragen. De Schrift vooronderstelt die verantwoordelijkheid zelfs (1 Petrus 3:15).

Deze briefwisseling illustreert hoe intellectuele en spirituele elementen in de weerstand van de ongelovige tegen het evangelie hand in hand kunnen gaan, en ook hoe men beide elementen gelijktijdig kan behandelen. Zij illustreert ook hoe praktisch en effectief de apologetiek kan zijn. Het is een voorbeeld van hoe God intellectuele overwegingen kan gebruiken om het hart te bereiken van iemand wiens verstand en hart tevoren ondoordringbaar waren voor het licht van het evangelie, en om dat hart te *veranderen*. En ten slotte is deze correspondentie een getuigenis van de transformerende kracht van volhardende liefde en eerlijke communicatie in het uitdragen van het evangelie.

Er moet wellicht nog iets gezegd worden over deze briefwisseling. Mijn vader en ik hebben, in samenwerking met de uitgever van dit werk, geprobeerd om de oorspronkelijke correspondentie tussen ons zoveel mogelijk onveranderd te laten. Een zekere mate van bewerking was wel nodig ter wille van de helderheid en opbouw (dat wil zeggen dat de oorspronkelijke correspondentie niet zo vloeiend thematisch verliep als in de huidige vorm), maar we hebben zoveel mogelijk de originele bewoordingen laten staan. In de meeste gevallen hebben we bijvoorbeeld niet geprobeerd om het taalgebruik van mijn vader wat 'op te schonen', want we hadden het idee dat dat de authenticiteit van ons gesprek alleen maar zou verzwakken. We bieden onze verontschuldigingen ervoor aan als sommige lezers dat wat te grof vinden. Zo hebben we ook in het belang van de authenticiteit de nogal informele manier waarop ik soms de Schrift citeerde, gehandhaafd. Als er letterlijke citaten zijn gegeven, dan komen die uit de NBG-vertaling (van 1951).

Ik zou graag mijn dank uitspreken aan allen die geholpen hebben om deze correspondentie in boekvorm over te brengen. Mijn diepe waardering gaat uit naar de studenten van mijn interimcursus apologetiek van het Bethel College voor hun van veel inzicht getuigende commentaren en hun redactionele suggesties betreffende deze verzameling brieven. Het was een genoegen om gedurende dat studiejaar de vreugde over mijn vaders bekering met hen te delen. Ook gaat mijn dank uit naar de deelnemers aan mijn vroegere cursussen apologetiek, zowel op Bethel als op de 'Kerk van de Open Deur', voor de inzichten waarvan ze mij deelgenoot maakten bij het lezen van verschillende brieven van mijn vader in de loop van de lessen.

Natuurlijk ben ik mijn vader heel diep dankbaar dat hij open heeft gestaan voor deze dialoog en zoveel van zijn gedachten, gevoelens, tijd en leven in deze correspondentie heeft geïnvesteerd. Zijn eerlijkheid, zijn oprechtheid, zijn 'geen flauwekul'-houding komen op een heel verfrissende manier door heel onze correspondentie heen aan het licht. Daar dank ik hem hartelijk voor. Ik wil hem ook bedanken dat hij me vanaf het begin toestemming heeft gegeven om deze brieven ook aan mijn studenten te laten lezen en dat hij me nu toestemming geeft om ook u deelgenoot te maken van heel onze dialoog.

En ten slotte willen mijn vader en ik beiden uitdrukking geven aan onze grote dankbaarheid jegens onze Here Jezus Christus. Ons beider leven is er bewijs van dat zijn genade werkelijk verbazingwekkend is. Wij bidden dat deze verzameling brieven van enig nut zal zijn om ook anderen – van wie je vroeger misschien dacht dat zij hopeloze gevallen waren – tot dezelfde 'verbazingwekkende genade' te brengen.

Dr. Gregory A. Boyd

De uitnodiging:

aan vader, in hoop

10 maart 1989

Beste vader,

Ik hoop dat alles goed gaat met u en Jeanne in het zonnige Florida daar in het zuiden. Afgezien van een griepvirusje dat bij ons huis rondhangt komen we ook de laatste – en erg langdurige – fase van de winter hier in Minnesota behoorlijk goed door. Maar je vraagt je wel af: zal het ooit lente worden?

Ik heb hier iets dat u wel zal interesseren. Gisteren kreeg ik een uitnodiging van het Islamitisch Centrum van Minnesota om een publiek debat te houden met een bekende Islamitische geleerde over de Drieeenheid op de Universiteit van Minnesota. Misschien tegen beter weten in heb ik de uitnodiging toch aangenomen. Deze man is een ervaren debater wiens academische prestaties haast encyclopedisch zijn! Ik ben er een beetje door geïntimideerd, maar ik ben er ook opgewonden van dat ik deze gelegenheid krijg. Het debat zal plaatsvinden op 13 april.

Dat brengt me meteen bij de kern van mijn brief. Zoals u weet geef ik hier op Bethel onderwijs in de apologetiek. Apologetiek is de studie betreffende de verdediging van het christelijk geloof tegen bedenkingen die niet-christenen hebben en ook om positieve redenen aan te voeren voor de betrouwbaarheid van het christelijk geloof. Op het academische vlak is dat mijn eerste liefde. Mijn debat met de mohammedaanse geleerde in april zal een oefening in de apologetiek zijn.

Maar wat u niet kunt weten, omdat ik u dat nooit verteld heb, is dat ik het aan u te danken heb dat ik in deze wetenschap terecht ben gekomen. Ik wil u daar dan ook hartelijk voor bedanken. Toen ik zo'n veertien jaar geleden christen werd, was u echt bezorgd dat ik me in een of andere redeloze cultus had gestort. (En eerlijk gezegd had u dat toen

helemaal niet zo erg mis!) Daarom daagde u mij voortdurend uit met vragen over en tegenwerpingen tegen mijn geloof. In die tijd kon ik dat niet zo erg waarderen, maar dat doe ik nu zeker wel. Ik houd van u, ook omdat u dat gedaan heeft. U dwong mij om serieus en kritisch na te denken over wat ik geloofde en waarom ik dat geloofde. Door u ben ik in de apologetiek terecht gekomen.
Maar na ongeveer een jaar kwamen onze discussies over het christendom toch tot stilstand. Uw bezorgdheid verminderde, ik denk omdat mijn christelijk geloof rijper werd, minder 'cultisch' en bekrompen. Bij verschillende gelegenheden heb ik sinds die tijd nog wel eens het onderwerp 'christelijk-zijn' ter sprake gebracht bij u in meer algemene zin, maar we zijn nooit echt verder en dieper op de zaak ingegaan. En dat brengt me bij het doel waarvoor ik deze brief schrijf.

Vader, ik zou er erg veel zin in hebben om met u een diepgaande dialoog te beginnen over waarom ik de laatste veertien jaar volhard heb in mijn christen-zijn. Dat is niet alleen, en zelfs niet in de eerste plaats, omdat ik van apologetiek houd. Het is voornamelijk omdat ik van *u* houd. Je kan het iemand niet verwijten dat hij een ander om wie hij heel veel geeft, iets wil geven wat voor hem het meest waardevol is. En dat is nu net wat ik met u wil doen. Mijn geloof in Jezus Christus, de ervaring die ik heb van zijn reddende kracht en zijn liefde, is het enig belangrijke en kostbaarste ter wereld voor mij. Ik geloof eigenlijk dat het het kostbaarste is dat welke mens dan ook op deze aarde maar kan hebben. Ik geloof ook dat een relatie met Christus het belangrijkste is dat iemand hebben kan, omdat dit naar mijn overtuiging consequenties heeft voor de eeuwigheid.
Het trof me als vreemd en verkeerd dat ik zoveel tijd aan anderen besteed met discussiëren over het christelijk geloof, terwijl ik dat niet eens tot op de bodem met mijn eigen vader gedaan heb, door wiens zorg en bezorgdheid ik toch in de eerste plaats in dit vakgebied terecht gekomen ben! U bent nu zeventig jaar en eerlijk gezegd denk ik dat het wel zo'n beetje tijd is dat ik met deze discussie begin. Het lijkt me ook gewoon goed, als deel van onze verhouding als vader en zoon, dat we open tegenover elkaar staan wat betreft onze kijk op de wereld.
Nu ken ik u, vader. En daarom weet ik dat het absoluut niet werkt om tegen u te 'preken'. (Ik heb dat geprobeerd in het eerste jaar dat ik christen was, weet u nog?) Maar geloof me, ik heb die neiging nu helemaal niet. Wat ik u juist zou willen voorstellen is dat we een discussie opzetten over het christelijk geloof. Ik zou het fijn vinden om u gelegenheid te geven al de argumenten die u hebt om geen christen te zijn aan mij voor te houden. En ik zou er ook prijs op stellen als u mij de gelegenheid gaf om u al de redenen uit te leggen waarom ik er wel een ben.

Zou u dat willen doen? Ik denk dat dat voor ons beiden op zijn minst heel stimulerend zal zijn en dat we elkaar beter zullen leren kennen. Iemand uitdagen om zijn geloof te verdedigen – wat voor geloof dat dan ook mag zijn – is altijd goed. Als het geloof die vuurproef niet kan doorstaan, is het geen knip voor de neus waard – of dat nu het christelijk geloof betreft of het atheïsme. Laten we elkaar dus, in liefde, uitdagen. Wat vindt u ervan?

Oprecht de uwe, in hoop.

Greg

DEEL 1

VRAGEN OVER GOD

Eerste briefwisseling

Waarom heeft het christendom zoveel schade aangericht?

13 maart 1989

Beste Greg,

Gisteren heb ik je brief ontvangen en die gaf me nogal te denken.
Laat ik je in de eerste plaats vertellen dat ik enthousiast ben over het debat dat je zult hebben met die islamitische geleerde. Ik wou dat ik erbij kon zijn. Als dat mogelijk is, kun je me er dan een bandje van toesturen? Laat me dat eventjes weten.
Ik vind je idee om over het onderwerp 'christendom' een gesprek te houden heel interessant en ik vind het leuk om erop in te gaan. Ik heb tijd genoeg. Overigens denk ik wel dat je me veel te hoog aanslaat, Greg. Mijn geloof (of mijn gebrek daaraan) is niet zozeer gebaseerd op een of ander positief standpunt van mij, als wel op een hele massa negatieve. Ik kan heel wat opsommen wat ik verkeerd vind aan de meeste religieuze en politieke gezichtspunten, maar ik ben helemaal niet zo zeker over wat ik persoonlijk geloof – in ieder geval niet als het gaat over religieuze zaken. Ik heb gewoon geen 'geloof' of 'wereldbeschouwing'. Ik weet alleen maar zeker wat ik *niet* geloof. Ook ben ik niet, zoals jij, een geoefend filosoof, dus als je me gaat schrijven zoals je deed in je dissertatie, vergeet het dan maar! Dan kan ik je toch niet volgen. Je zult het dus simpel moeten houden.
Zoals je weet, heb ik bewondering voor de opleiding die je gedaan hebt, Greg, en ik heb me vaak afgevraagd hoe dat toch zit, dat je in dat christendom blijft geloven, ondanks de nogal vrijzinnige scholen die je hebt bezocht. Dat is me een compleet raadsel. Ik vind het allemaal nogal onwaarschijnlijk. Maar goed, ik ben nooit iemand geweest die de

kans op een goeie discussie liet schieten, dus waarom zou ik daar nu mee beginnen?
Je hebt me gevraagd alle bezwaren die me te binnen schieten ter sprake te brengen, dus laat ik maar meteen met de deur in huis vallen. Hier is er eentje waar ik vaak over gepiekerd heb: als God liefde is en almachtig, hoe heeft Hij de mensheid dan zó lang zó veel kwaad laten aandoen door de kerk? Die kerk wordt toch verondersteld zijn ware kerk te zijn, zijn vertegenwoordigster op aarde? Dat hebben ze me tenminste geleerd toen ik nog rooms-katholiek was.
Dus vraag ik me af waar God was toen de christenen de moslims en de joden – inclusief vrouwen en kinderen – tijdens de 'heilige' kruistochten afslachtten. Waarom stond God 'zijn volk' toe om bijna de hele Joodse 'ongelovige' bevolking te verbranden in de tijd van de Inquisitie in Spanje? Als God liefde is, waarom zou Hij dan de kerk toestaan deel te nemen aan zoiets als de Holocaust (in het beste geval keek zij de andere kant op) – en dat alles 'in zijn naam' te doen?
Voor mij is dit alleen al meer dan genoeg bewijs dat de kerk totaal geen filosofie bezit die aanspraak op waarheid kan maken. En het was toch déze kerk, nietwaar, die vaststelde welke boeken 'goddelijk' waren en samen de 'Heilige Schrift' zouden vormen? Wat mij betreft is dat al genoeg om de Bijbel als een lachertje te verwerpen.
Nou, jij wilde een bezwaar. Hier heb je er één. Ik ben benieuwd naar je antwoord.

Doe de hartelijke groeten aan Shelley en de kinderen.

Liefs,

Pa

16 maart 1989

Lieve vader,

Heel hartelijk bedankt voor uw brief. Wat het debat betreft, als ik de kans krijg, zal ik een bandje voor u regelen. Ik weet dat ze voorgaande debatten zelfs op video hebben gezet (de man met wie ik in debat ga heeft meer dan driehonderd van zulke video's in zijn archief!), maar ik weet niet wat de mosliminstelling die dit debat sponsort van plan is. Ik zal het u wel laten weten.

Ik ben erg blij dat u belangstelling heeft voor een discussie over het christelijk geloof en bereid bent eraan deel te nemen. Ik voel nu al dat het leuk gaat worden en voor ons allebei heel stimulerend zal zijn. Ik weet dat u, zoals u zelf zegt, veel zekerder bent van wat u *niet* gelooft dan van wat u *wel* gelooft. Dat is prima. Het is altijd gemakkelijker om van een onjuiste theorie te bewijzen dat hij onjuist is, dan van een juiste theorie de juistheid aan te tonen. Daarom is het redelijk om meer meningen te hebben over wat je als onjuist ziet, dan over wat je als waar beschouwt. Dat is een teken van een gezonde, kritische geest.

Ik zou u alleen maar willen vragen of u wilt proberen ook zo'n open houding aan te nemen voor de mogelijkheid dat er in de klassiek-christelijke leer op zijn minst enkele centrale overtuigingen zijn die waar zijn. De enige stelling die ik wil proberen te verdedigen is deze: dat de grondbeginselen van het christelijk geloof de meest redelijke zijn om het leven op te baseren. Het geloof dat er een persoonlijke, liefhebbende God is die Zich uiteindelijk geopenbaard heeft in en door Jezus Christus, die door deze mens verlossing uit genade gebracht heeft voor de wereld, en die de Bijbel geïnspireerd heeft om ons Zichzelf te leren kennen en op Hem te reageren. Ik beweer dat deze overtuigingen met meer bewijzen gestaafd zijn en meer voldoening schenken dan welke wereldbeschouwing ook die iemand erop na kan houden. En eerlijk gezegd is het mijn doel om u te overtuigen van de waarheid van dit geloof en u in relatie met Jezus Christus te brengen. Uit eigen ervaring ken ik de volheid van leven, de vrede en de vreugde die deze relatie geeft en die wil ik met u delen. En ik beloof u ook om mijn aandeel in de discussie op het niveau van de leek te houden, zoals u gevraagd hebt.

De tegenwerping die u maakt in uw brief is een heel goede. (Ik sla u dus *niet* te hoog aan, zoals u bescheiden veronderstelt). Mijn eerste en voornaamste antwoord is dat ik niet denk dat we God verantwoordelijk kunnen stellen voor wat de Rooms Katholieke Kerk – of welke kerk of godsdienst ook maar – heeft gedaan of zal doen. Vanuit mijn gezichtspunt is de God waar de Bijbel het over heeft en die in Jezus Christus vleesgeworden is, een God van liefde, en dat houdt in dat Hij een God van vrijheid is. Want je kunt niet liefhebben zonder vrij te zijn. We zijn geschapen met het vermogen om voor de liefde te kiezen, dus ook met het vermogen om voor het tegenovergestelde – het kwaad – te kiezen.

De veronderstelling dat God verantwoordelijk is voor ons kwaad – zelfs het kwaad dat 'in zijn naam' gedaan wordt – is naar ik vermoed de veronderstelling dat mensen robots zijn die alleen maar een goddelijk voorgeprogrammeerd plan uitvoeren. Maar als dat het geval is, kunnen we nooit liefhebbende wezens zijn. Ik stel dat uiteindelijk al het kwaad in de wereld wordt veroorzaakt door beslissingen van een

vrije wil die buiten God om genomen worden. Wat God wil en wat Hij doet is altijd goed. Alles wat niet goed is, heeft zijn oorsprong in iets of iemand anders dan God.
Dat de 'christelijke kerk' verkozen heeft al het kwaad te doen waar u over schrijft, en dat met gebruikmaking van Gods naam, bewijst volgens mij alleen maar, dat niet alles wat zich tooit met de naam 'christelijk', noodzakelijkerwijs ook christelijk ís. Het christelijk geloof is geen religie of een bepaald soort instituut. *Het is een relatie*. Binnen de religie van het christendom zijn en waren er altijd echte christenen – mensen die door Jezus Christus gered zijn en een band met Hem hebben, die hen blijvend verandert. Dit feit verklaart het vele, onvoorstelbaar goede dat het christelijk geloof aan deze wereld heeft geschonken (ondanks alle kwaad). Maar de christelijke 'religie', het instituut 'kerk' is op zichzelf niet christelijk. Alleen mensen kunnen christelijk zijn, instituten niet.
Daarom wil ik een scherp onderscheid maken tussen het christelijk geloof dat ik verdedig en de 'christelijke kerk': die twee hebben niet noodzakelijk meer dan hun naam gemeenschappelijk. Ik pieker er zelfs niet over om alles te verdedigen wat onder het etiket 'christelijk' gedaan is. Net als u ben ik woedend over veel dingen die onder dat mom gebeurd zijn.

Wel, nogmaals dank voor uw antwoord. Ik ben erg blij dat we deze open gedachtewisseling kunnen hebben. Neem de tijd om mijn antwoord te verwerken en geef me dan uw reactie. Goed?

De hartelijke groeten,

Greg

Waarom is er zoveel leed in deze wereld?

23 maart 1989

Beste Greg,

Fijn om zo gauw antwoord te krijgen. Het verbaast me dat je ondanks de drukte van je werk dit tempo van brievenschrijven aan kunt houden. Ik heb aardig wat tijd beschikbaar, dus bepaal jij het tempo maar. Het doet me, net als jou, genoegen om onze gedachten de vrije loop te laten.

Het onderscheid dat je maakt tussen de 'christelijke kerk' en de 'christenen' is interessant en ook nieuw voor mij, maar eerlijk gezegd wil dat er bij mij niet in. De kerk wordt toch geacht Gods gezag hier op aarde te vertegenwoordigen? Of is dat alleen maar een rooms-katholieke gedachte die ik hier of daar meegenomen heb? Hoe dan ook, je zou toch denken dat God – als die kerk zijn voertuig tot redding van de wereld is – op zijn minst toezicht houdt op *enkele* van haar activiteiten. Maar eigenlijk is dit alleen maar een deel van een veel groter probleem dat ik heb met de idee van een God die liefde is. Het gaat niet alleen om het kwaad in de kerk, het gaat om het probleem van het kwaad in de hele wereld. Als God deze wereld geschapen heeft en ervoor zorgt, waarom is er in die wereld dan zo verrekte veel leed? In je brief geef je als antwoord dat God daar niet voor verantwoordelijk gehouden kan worden, omdat Hij de mens vrijheid gaf om te kiezen tussen goed en kwaad. Maar Greg, volgens mij kan je die vraag niet zo gemakkelijk onder het tapijt vegen. Als de vrijheid om voor het kwade te kiezen pijn en leed voor onschuldige mensen tot gevolg heeft, dan is God gewoon niet de 'liefhebbende' God die jij van Hem maakt!

Ik zat hier juist over na te denken toen ik las van een gestoorde man hier in Florida die uit de gevangenis was vrijgelaten nadat hij daar zeven of acht jaar vastgezeten had wegens verkrachting van een jong meisje en het afhakken van haar beide armen. Zo had hij haar voor dood achtergelaten. Het was zijn vrije keus om die misdaad te begaan. Maar wat voor keus had het onschuldige meisje? Het lijkt erop dat de 'liefdevolle', beschermende God haar compleet vergeten had. Waarom hecht God waarde aan de vrijheid van een crimineel, maar niet aan de vrijheid van een slachtoffer?
Laat me nog wat anders noemen: de droogte in Afrika, die veroorzaakt dat miljoenen mensen verhongeren omdat er geen regen valt. Daar gaat het niet meer om keuzes. De natuur klungelt met de watervoorziening en dus sterven er miljoenen mensen, allemaal onschuldig en voor het grootste deel kinderen, een gruwelijke dood. Waar is de 'liefhebbende en beschermende' God ondertussen? Of vergat Hij ze gewoon? Of straft God ze voor een paar zonden, of omdat ze moslim zijn, zoals ik een idiote christelijke evangelist heb horen zeggen? Dat zou nog erger zijn dan een God die hen alleen maar vergeet!
Het punt is: deze wereld lijkt helemaal niet op het soort wereld dat we zouden moeten hebben als er een almachtige en liefhebbende God achter zou staan. En ik zie niet in hoe jouw verklaring met vrijheid enzo die situatie veel verbetert.

Nou, ik vind het welletjes voor deze keer. Ik zie naar je antwoord uit.

Veel liefs,

Pa

29 maart 1989

Lieve vader,

Nou, pa, ik moet toegeven dat u een paar bijzonder waardevolle punten aanroert in uw brieven. U stelt de moeilijkste vragen waarmee je een theïst kunt confronteren. Dit is echt het betere werk.
Wel, u vraagt zich af hoe een liefhebbende God het kan toelaten dat een meisje verkracht en verminkt wordt door een zieke gek. U gelooft niets van de verklaring dat God die zieke gek een vrije wil heeft gegeven, omdat die verklaring de (geschonden) vrije wil van dat meisje niet in rekening brengt.

Dat is zo'n moeilijke vraag, dat het bijna ongevoelig lijkt daar een antwoord op te willen geven. Natuurlijk, de emotionele klap die je van zo'n nachtmerrie oploopt, maakt het heel begrijpelijk dat je woedend wordt op God en iedereen in de wereld. Voor degenen die door zo'n ramp getroffen worden, is woede de enige begrijpelijke directe reactie. In de Bijbel zelf zijn ook de eerlijke vragen en zelfs boze gebeden van vele 'geloofshelden' (bijv. Job, David, Jeremia) opgetekend. God voelt Zich niet bedreigd door onze woede of twijfels.

Maar wanneer de kruitdamp wat is opgetrokken, wordt het tijd om eens door te denken over de vraag wie er nu eigenlijk verantwoordelijk is voor dit kwaad. En als we dat doen, beweer ik dat we die verantwoordelijkheid niet aan God kunnen ophangen.

Het lijkt me, pa, dat áls God zijn schepselen dan een vrije wil geeft, Hij ook ruimte moet laten voor de mogelijkheid dat ze misbruik te maken van die vrijheid, zelfs als dat betekent dat anderen pijn gedaan wordt. Echt vrij zijn is moreel verantwoordelijk zijn en moreel verantwoordelijk zijn betekent moreel verantwoordelijk zijn tegenover elkaar. Wat is de vrijheid om lief te hebben of niet lief te hebben als het niet betekent de vrijheid om een ander te verrijken of kwaad te doen? God heeft dit dit zo gemaakt, omdat het alternatief zou zijn een ras van robots die niet werkelijk kunnen liefhebben – maar zulke robots zijn de moeite van het scheppen nauwelijks waard, vindt u wel?

Dus waarom komt God niet steeds tussenbeide als iemand zijn vrijheid wil misbruiken om een ander te beschadigen? Het antwoord zit hem, volgens mij, in het wezen van de vrijheid zelf. Als de uitoefening van een vrijheid bij elk (dreigend) misbruik verhinderd zou worden, zou het domweg geen vrijheid meer zijn.

Zie het eens zó: stel dat ik Denay vijf dollar geef. Kan ik dan de manier waarop ze het uitgeeft helemaal onder controle hebben? Als ik elke keer ingrijp dat zij een naar *mijn* idee verkeerde uitgave gaat doen, is het dan nog wel *haar* geld? *Geef* ik haar dan werkelijk wat? Als zij van *haar* geld alleen maar dingen mag kopen waarvan *ik* vind dat ze waardevol zijn, is het dan eigenlijk *haar* geld nog wel? Is het dan in feite niet nog steeds *mijn* geld, dat ik indirect, via haar, uitgeef?

Zo is het ook met God als Hij ons echt vrijheid geeft. Dan moet die vrijheid ook, in ieder geval in grote mate, *onherroepelijk* zijn. Hij moet ten opzichte van die vrijheid, binnen bepaalde grenzen, een 'handenthuishouding' hebben. God schept vrije mensen die kunnen doen wat ze willen, en geen voorgeprogrammeerde instrumenten die uiteindelijk altijd doen wat Hem behaagt.

Nou, ik hoop dat dit een beetje licht werpt op deze lastige kwestie. Als ik het goed zie, is het huiveringwekkende kwaad dat mensen in deze wereld elkaar aandoen een noodzakelijke mogelijkheid wil dit het soort wereld zijn waar liefde mogelijk is. Zelfs voor God bestaat er geen andere manier. Laat me weten of u het anders ziet en zo ja, hoe.

Ik kijk uit naar uw antwoord.

Met alle liefde, zoals steeds.

Greg

Derde briefwisseling

Is het risico dat deze vrijheid met zich meebrengt wel al dat lijden waard?

8 april 1989

Beste Greg,

Ik neem aan dat alles goed gaat met jou en je gezin. Kom je al wat verder met je 'moslimdebat'? Het spijt me dat ik een beetje traag reageerde op je laatste brief, maar ik heb er een poos over na moeten denken.

Er zit wel wat in die stelling van jou over de verhouding tussen vrijheid en verantwoordelijkheid. Dat boeit me zeer. Maar ik heb nog een andere vraag die me niet loslaat. Was het wel zo wijs van de Schepper om zoveel op het spel te zetten voor vrijheid? Daar kun je twijfels bij hebben. Is het dat allemaal waard? Een wereld scheppen waarin gekken als Hitler en Stalin hun vrijheid kunnen gebruiken om de vrijheid – en het leven – van miljoenen anderen weg te nemen, vind ik, eerlijk gezegd een kwestie van belabberd management. Als God dan zoveel waarde hecht aan vrijheid, wáárom maakt Hij die dan in 's hemelsnaam zó kwetsbaar, dat de wil van één mens de vrijheid van miljoenen anderen kan vernietigen?

Is het dat allemaal wel waard? Vrijheid is leuk, maar ik weet niet of dat nu alle kwaad en alle pijn in de wereld waard is. Als we dat zouden vragen aan dat verkrachte en verminkte meisje, dan ben ik er zeker van dat zij zou zeggen, dat het dat *niet* waard is. Stel dat je nog met de joodse slachtoffers van Auschwitz kon praten, dan zouden zij zeggen: naar de hel met die 'kostbare' vrije wil van Hitler. Als je die Ethiopische moe-

der kon spreken van het stervende kind dat nog één druppel melk uit haar uitgedroogde borst probeert te zuigen, dan betwijfel ik of zij zou zeggen dat het dit waard is.
Sorry voor de harde noot die je te kraken krijgt, maar het lijkt me een wettige vraag.

Veel liefs,

Pa

11 april 1989

Lieve vader,

Ik waardeer het dat u onze correspondentie serieus neemt. Het is duidelijk dat u heel wat denkwerk verricht bij het schrijven ervan en dat vind ik prachtig. De vraag die u aandraagt is absoluut wettig.
Als antwoord op uw vraag zou ik vier punten willen bespreken. In de eerste plaats stel ik dat het risico dat vrijheid met zich meebrengt omgekeerd evenredig moet zijn aan het vermogen om het goede te bewerken. Als ik de vrijheid heb om maar één mens lief te hebben, dan heb ik ook de vrijheid om maar één mens te kwetsen. Als ik de vrijheid heb om een beetje van ze te houden, dan heb ik ook de vrijheid om ze een beetje te beschadigen. Als ik heel erg van ze kan houden, kan ik ze ook heel erg bezeren. Enzovoort.
Het feit dat wij mensen ongelooflijk veel kwaad kunnen doen, wijst er naar mijn mening op dat we ook ongelooflijk veel goed kunnen doen. Ja, er bestaan Hitlers en Stalins in deze wereld. Maar er zijn ook de Raoul Wallenbergs, de moeder Theresa's, de Martin Luther King juniors. En ik zie geen mogelijkheid om wel de laatsten te hebben zonder op zijn minst te riskeren dat ook de eerste soort rondloopt. Als we de macht hebben om miljoenen mensen te verdrukken en af te slachten, dan is dat omdat we ook de macht hebben om miljoenen mensen te bevrijden en lief te hebben.
Ik kan me wel voorstellen dat u dit 'belabberd management' vindt en misschien zou het dat ook zijn *als er een of andere manier was om het anders te doen.* Maar ik geloof niet dat die bestaat... In mijn visie is de mogelijkheid van goed en van kwaad inherent aan vrijheid. De mogelijkheid van goed én de mogelijkheid van kwaad zijn evenredig verte-

genwoordigd. Dat wordt een *metafysische waarheid* genoemd. Dat is net zoiets als de drie zijden van een driehoek. Als je vrijheid wilt, dan moet je ook dit risico willen lopen.

En is het dat allemaal waard? Daarover gaat mijn tweede punt. Als je midden in een gruwelijke tragedie zit, is het zeker te begrijpen dat je vindt van niet. Maar denk dan eens over het volgende na. Weten we niet allemaal uit ons eigen leven dat liefde zeer kan doen? Als we iemand liefhebben, als we kinderen opvoeden, als we een hechte vriendschap ontwikkelen, gaat dat vaak met lijden gepaard. Ik weet dat u daar ook het nodige van meegemaakt hebt in uw eigen leven. Mensen laten je vallen, ze gaan dood, kinderen komen in opstand, enzovoort. En toch gaan we door met liefhebben. Het is normaal om het laf te vinden, of triest, of ongezond als iemand niet langer liefheeft. Als iemand nooit zou liefhebben, zou hij nooit hoeven lijden. Maar dan zou hij ook nooit echt leven.
Verkeert God nu niet in dezelfde positie, maar dan op een kosmisch niveau? Het lijkt mij beneden de maat van Gods grootheid dat Hij zou weigeren een wereld te scheppen waar liefde mogelijk is, omdat het risico dan te groot zouden worden. Liefde is het enige dat de moeite van het scheppen waard is! God hecht geen waarde aan vrijheid óm de vrijheid – het gaat Hem om liefde. Vrijheid is gewoon het enige middel om dat doel te bereiken.

Dat brengt me bij mijn derde punt. Vanuit christelijk oogpunt raken de risico's die met de schepping meekomen niet alleen, en zelfs niet in de eerste plaats, de mensen. God zelf loopt een groot risico door de wereld te scheppen. De bijbelse visie op God openbaart een God die door heel de geschiedenis heen geleden heeft door de verkeerde keuzes van de mensen. En Hij lijdt omdat Hij liefheeft. In het boek Hosea tekent God Zichzelf als iemand die getrouwd is met een vrouw die Hij diep bemint, maar die maar niet trouw wil zijn. Ze doet zichzelf, haar echtgenoot en haar kinderen kwaad door zich te prostitueren. God probeert dus voortdurend, met heel veel pijn, zijn volk, zijn bruid, terug te roepen tot een relatie van trouw aan Hem.
Sterker nog, de schepping is voor God volgens de Schrift zó riskant dat het voor Hem betekende dat hij mens moest worden en een helse dood aan het kruis moest sterven. Ondanks onze opstandigheid tegen Hem hield God zoveel van de wereld dat Hij bereid was zover te gaan om een eeuwige relatie met ons te hebben. God nam al de zonden van de wereld op Zich met alle pijn en alle straf die de zonde veroorzaakt. Hij deed dat aan het kruis op Golgota. Dat hoefde Hij niet te doen. Maar Hij deed het uit liefde – omdat liefde dat waard is. Liefde is het waard om voor te sterven – zelfs vanuit God bezien.

Zo kom ik tot mijn vierde punt. We moeten nog antwoord vinden op de vraag of liefde het ook vanuit het meest weidse perspectief dat er maar is, waard is, om er voor te sterven. Als ons korte mensenleven het enige was dat er is; als het lijden en de dood van slachtoffers het absolute einde van hun bestaan betekenden, dan zouden we misschien met recht mogen stellen dat dat het risico niet waard is – in elk geval niet voor de slachtoffers.

Maar als het christelijk geloof op waarheid berust, dan is dit gewoon niet het geval. Ons tijdelijke leven hier op aarde vormt alleen maar een kort voorspel op een leven dat eeuwig zal voortduren. Voor ontzettend veel mensen is dit leven vervuld met niets anders dan pijn en lijden, maar vanuit het perspectief van de eeuwigheid bezien is dit leven maar een klein stukje van het verhaal. Jezus is aan het kruis gestorven met het doel dat mensen eeuwig zouden kunnen leven in de vrede en de vreugde van God – de hemel. En de belofte van de Schrift is dat dat hemelse leven zo zal zijn dat ons lijden in de tegenwoordige tijd daar niet tegen opweegt (Romeinen 8:18). In het 'licht' van Auschwitz moet het *onbegrijpelijk* mooi zijn – en dat is precies wat de Schrift zegt (1 Korintiërs 2:9).

Als er geen hemel is, pa, dan blijft al het leed, dan blijven al de tranen en de kreten van al die stervende kinderen onbeantwoord. Het leven is uiteindelijk voor ons allemaal een tragedie. Al ons hopen, al ons verlangen, al ons worstelen leidt tot niets, absoluut niets! „Het leven is gewoonweg rot en aan het eind ga je dood." Maar is er in het diepst van uw hart niet iets dat weigert aan te nemen dat dit de complete waarheid is? Is er diep in u niet een klankbord voor de bijbelse boodschap dat dit verhaal een 'happy end' moet hebben?

Ik heb veel goede redenen om in God te geloven en veel redenen om te geloven dat het christelijk geloof waar is – allemaal dingen die ik in de toekomst nog eens met u hoop te bepraten. Maar zelfs afgezien van die redenen weiger ik domweg te accepteren dat ons bestaan de zinloze nachtmerrie is die het lijkt te zijn, als dit korte leven inderdaad het enige leven is dat er is.

Ik zie uit naar uw reactie.

Ik houd van u, pa.

Greg

Weet God wat er in de toekomst gebeurt?

17 april 1989

Beste Greg,

Ik vond het fijn om met jou en Shelley te bellen een paar dagen geleden. Je klonk behoorlijk enthousiast over je komende debat met de moslimgeleerde. Ik ben ook heel benieuwd. Denk erom dat je me laat weten hoe het gegaan is.
Zoals ik je over de telefoon al vertelde, heb ik je laatste brief met veel plezier gelezen. Je gedachten over de hemel komen op mij over als 'wishful thinking'. Wie zegt dat het leven niet zo tragisch zou mogen zijn als wij het vinden? Maar je gedachten over vrijheid, liefde en verantwoordelijkheid vind ik verhelderend. Ze roepen bij mij wel een nieuwe vraag op. God wordt toch geacht alwetend te zijn? Waarom keek Hij dan niet vooruit om te zien wie er wel en wie er geen goed gebruik van hun vrijheid zouden maken, om dan alleen maar de goede mensen te scheppen? Dan zou er nog steeds vrijheid zijn, maar dan in een wereld zonder leed. Ik vind het raar dat God überhaupt risico's zou moeten nemen. Hij is toch (volgens jouw gezichtspunt) almachtig?
Zet je tanden hier maar eens in en laat me weten hoe je erover denkt.

Veel liefs,

Pa

✍

29 april 1989

Lieve vader,

Mijn debat met dr. Badawi, de moslimgeleerde, is heel goed verlopen. Het auditorium zat helemaal vol, voornamelijk met moslims, en het was een feest om hen deelgenoot te maken van een paar van de redenen waarom ik geloof dat Jezus de mensgeworden God is. Het debat had eigenlijk over de Drie-eenheid moeten gaan, maar de meeste tijd ging zitten in praten over Jezus (die twee onderwerpen zijn nu eenmaal niet te scheiden). Zoals je mocht verwachten, vonden alle christenen in de menigte die ik toesprak dat mijn argumenten veel overtuigender waren dan de zijne. Maar ik weet zeker dat de moslims hetzelfde vonden over dr. Badawi. Hij was heel scherp, maar ik heb toch een goed gevoel overgehouden aan mijn presentatie en ook aan mijn antwoorden aan hem.
Maar nu verder met *ons* debat. Uw vraag over Gods voorkennis in uw laatste brief is een goeie, maar ik denk dat die voortkomt uit een verkeerde vooronderstelling over wat Gods alwetendheid eigenlijk inhoudt. Volgens het christelijk standpunt kent God de hele werkelijkheid – weet Hij alles wat er te weten valt. Maar als je aanneemt dat Hij van tevoren kennis heeft van hoe elk individueel mens in vrijheid zal handelen, moet je ook aannemen dat ieders handelen in vrijheid al kenbaar is vóórdat die handeling in vrijheid bedreven is! Maar zo is het niet. Als Hij ons vrijheid geeft, scheppen wij de werkelijkheid van onze besluiten door ze te nemen. En zolang wij die besluiten niet nemen, bestaan ze gewoon niet. Kortom, er bestaat, volgens mij tenminste, niets dat te kennen valt, totdat wij het in het leven roepen, zodat het gekend kan worden. Dus God kan de goede of verkeerde beslissingen van de mens die Hij schept niet van te voren kennen, *totdat* Hij ze schept en zij op hun beurt hun beslissingen 'scheppen'.
Ik moet u wel eerlijk vertellen dat dit niet de traditionele christelijke uitleg is. De traditionele christelijke opvatting is dat God het vrije handelen van ieder mens *wel* van te voren kent. Maar ook bij deze opvatting wordt staande gehouden dat God die daden alleen maar van tevoren kent, omdat deze mensen ze ook feitelijk gaan doen. Gods kennis is gebaseerd op het (toekomstig) handelen van de mensen, niet omgekeerd. Het zou voor God dus onmogelijk zijn om af te zien van het scheppen van deze mensen op basis van hun (nog toekomstige) hande-

len. Hun toekomstige daden zouden er helemaal niet zijn, als God hen niet eerst zou scheppen!
Persoonlijk denk ik dat dit laatste standpunt filosofisch onhoudbaar is. Maar beide standpunten ontkennen dat God kennis heeft van de wereld, onafhankelijk van de feitelijke wereld. Aangezien nu Gods kennis gebaseerd is op de geschapen wereld, is God niet vrij om uit de onvolmaakte wereld, die Hij verondersteld wordt van tevoren te kennen, een selectie te maken en op basis daarvan een volmaakte wereld te scheppen.
Ik besef dat mijn antwoord een beetje filosofisch is. En ik had u aan het begin nog wel beloofd om de discussie zoveel mogelijk in gewone taal te voeren. Maar ja, uw vraag was nogal filosofisch, dus ik kon er ook niets aan doen.
Zet u *hier* uw tanden maar eens in en laat me dan weten wat u ervan vindt.

Veel liefs,

Greg

Waarom schept God aardbevingen en hongersnoden?

11 mei 1989

Beste Greg,

Ik ben erg blij te horen dat je debat met die moslim zo goed ging. Ik hoop dat je kans ziet me een bandje te sturen. Een video zou nog mooier zijn. Die zou ik graag willen bekijken.

Je laatste brief bracht me bijna tot wanhoop. Niet alleen moest ik hem enkele keren overlezen om hem te begrijpen, maar wat je daarin zegt, gaat in tegen een heleboel dat ik over God geleerd heb toen ik nog rooms-katholiek was. Het lijkt erop dat jouw kijk op God veel 'menselijker' is dan hoe ik altijd gedacht heb dat God moest zijn. Ik ben geen deskundige op het gebied van de Bijbel, maar wordt God daarin niet beschreven als degene die de toekomst juist wel kent? Ik geef toe dat jouw visie mij beter in de oren klinkt dan de gebruikelijke uitleg – daar kon ik al helemaal niets van maken! – maar ik vraag me wel af of jouw gezichtspunt niet gewoon je eigen bedenksel is.

Hoe dan ook, je hebt me voldoende duidelijk gemaakt waarom God niet van tevoren kan garanderen dat de mensen hun vrije wil niet zullen misbruiken. Maar er is nog een ander groot probleem met jouw geloof in een God die liefde is, dat niets te maken heeft met jouw visie op vrijheid of met Gods kennis. Hoe denk je God te vrijwaren van het kwaad dat helemaal niet voortkomt uit een menselijke beslissing? Aangezien God degene is die alles rechtstreeks schept, waarom schept Hij dan hongersnoden, aardbevingen, aardverschuivingen, aids, gehandicapte

baby's en dergelijke? Hiervan kun je in ieder geval niemand zijn vrije wil de schuld van geven – behalve die van God! Als Hij zo liefhebbend is, zou je toch denken dat hij wel een beetje beter voor zijn schepping zou mogen zorgen.
Genoeg voor deze keer.

Veel liefs,

Pa

29 mei 1989

Lieve vader,

Sorry dat ik uw laatste brief zo lang heb laten liggen, maar het was hier in Bethel aan het eind van het semester ook zo razend druk! Laat ik eerst ingaan op de kwestie van Gods kennis van de toekomst, dan zal ik daarna proberen de zaak van het natuurlijke kwaad (het kwaad in de natuur) te behandelen.
Ik ben zeker niet de enige die op het standpunt staat dat God het in de toekomst gelegen vrije handelen van de mens niet kent. Heel wat theologen delen die mening met mij. Deze visie houdt *niet* in dat God helemaal *niets* van de toekomst weet. Het betekent alleen maar dat God niet van eeuwigheid weet welke vrije besluiten de mensen in de toekomst zullen nemen. Als het gaat om aspecten van de toekomst die al bepaald zijn – hetzij door aanwezige omstandigheden, hetzij door Gods eigen wil – dan kent God die, want dan *bestaan* ze op dat moment al om te kennen. Maar toekomstige vrije daden zijn dat niet. De toekomst is voor God niet half zo 'open' als voor ons, maar toch wel tot op zekere hoogte. Er zitten risico's aan het scheppen, zelfs voor God.
Of dit nu wel of niet een bijbelse visie is, daarover verschillen theologen natuurlijk van mening, maar het is mijn vaste overtuiging dat deze visie erg bijbels is. Ik zal u niet vervelen met details, maar ik tref in de Bijbel een God aan die met mensen omgaat op zo'n manier, dat je mag aannemen dat Hij de toekomst tot op zekere hoogte open tegemoet treedt. De toekomst ligt niet van eeuwigheid vast. Zo stelt God bijvoorbeeld regelmatig vragen aan de mensen in de Bijbel en Hij verandert zelfs wel eens van gedachten in het licht van nieuwe omstandigheden. (Zie Exodus 32:14; 1 Samuël 15:11; Jeremia 18:7-10; 26:19.) Dat zou

natuurlijk allemaal onmogelijk zijn als Hij van tevoren een onveranderlijke blauwdruk had van alle gebeurtenissen.
Deze open-eindebenadering van God is denk ik 'menselijker', maar naar mijn mening is dat nou juist zo omdat dat veel bijbelser is. Het standpunt dat God de hele toekomst kent en stuurt, is naar mijn inschatting veel meer het product van aristotelische filosofie dan een bijbelse visie.
Wat natuurrampen betreft, is het waar dat daar geen menselijke wilsbeschikking direct schuldig aan is. Maar betekent dat dan dat Gód daar rechtstreeks voor verantwoordelijk is? Ik stel dat Hij dat niet is. Denk eens na over de volgende drie punten, pa.
In de eerste plaats zou ik willen stellen dat de meeste pijn en het grootste leed in de wereld door slechte mensen veroorzaakt worden en niet door de natuur. Zelfs het leed dat door de meeste natuurrampen wordt veroorzaakt, kan worden verminderd of zelfs helemaal te niet gedaan als de mensen zo waren als God ze heeft geschapen. Neem bij voorbeeld hongersnoden. Dacht u dat er ooit iemand zou sterven als ieder 'zijn naaste liefhad als zichzelf'? Ik heb me door deskundigen uit het veld laten vertellen dat er meer dan genoeg voedsel in de wereld is om iedereen te voeden. Maar honger ontstaat juist doordat de weinigen die al meer hebben dan nodig is, voedsel opslaan ten koste van degenen die minder hebben dan nodig om van rond te komen. Om een concreet voorbeeld te noemen: zeven procent van de wereldbevolking bestaat uit Amerikanen, maar wij consumeren met zijn allen wel *meer dan de helft* van alle natuurlijke rijkdommen! Ze hebben me verteld dat de gemiddelde mens in de eerste wereld ongeveer net zoveel *meer* consumeert dan hij nodig heeft, als wat de bewoner van de derde wereld tekort komt. Bedenk ook eens hoeveel 'natuurlijk' kwaad zou kunnen worden voorkomen als er geen politieke oorlogen waren (de tragedie in Ethiopië is daar een goed voorbeeld van!), als er geen wapenwedloop was, als er een eerlijke verdeling van de natuurlijke rijkdommen van de aarde was, als mensen die daartoe de middelen hebben, eens wilden investeren in veiligheid en welvaart voor anderen. Zelfs de overstromingen in Bangladesh zijn, naar ik me heb laten vertellen, hoofdzakelijk een indirect gevolg van menselijke onverschilligheid met betrekking tot ons milieu (bijv. het verzieken van de ozonlaag) en met betrekking tot de welvaart van het volk van Bangladesh (bijv. door na te laten hen te helpen met het bouwen van huizen die overstromingen kunnen doorstaan).
Dus, pa, ik denk dat je kunt stellen dat veel van wat een 'natuurlijk' kwaad lijkt, dat helemaal niet is. Het komt op uit boosaardige harten.

In de tweede plaats zou het weleens kunnen zijn dat een belangrijk deel van wat wij 'kwaad' noemen, gewoon het gevolg is van het feit dat alles

wat God kon scheppen, in zeker opzicht beperkt is. Het feit dat wat God schept, minder is dan Hijzelf, brengt al beperkingen en onvolmaaktheden met zich mee. Elk geschapen ding moet bijvoorbeeld een beperkte verzameling eigenschappen hebben, wat de mogelijkheid van andere eigenschappen die daarmee op gespannen voet staan, uitsluit. Maar dit kan wel eens vervelende consequenties hebben. Het rotsblok waar je stevig op kunt staan, zal ook hard genoeg zijn om er je teen aan te bezeren. De lucht die je inademt, zal ook ijl genoeg zijn om jou er doorheen te laten vallen als je niet door een hard oppervlak ondersteund wordt. Het water dat je dorst lest, zal ook dicht genoeg zijn, zodat je er niet in kunt ademen, enzovoort. De afhankelijkheid van de wereld die het mogelijk maakt voor redelijke, moreel verantwoordelijke schepselen daar te leven, werkt onder bepaalde omstandigheden in ons nadeel. En inderdaad: elke positieve eigenschap van alles wat geschapen is, is een potentiële negatieve eigenschap onder bepaalde omstandigheden.
De beperkingen van de werkelijkheid lopen dus parallel met de grenzen van de werkelijkheid. Dat zie ik niet direct als een inherent kwaad. De dingen kunnen alleen op die manier bestaan. Ik vermoed dat, als de menselijkheid niet in verval was geraakt, we best tevreden zouden zijn geweest met de beperkte en soms wat onplezierige aard van de dingen. Maar toch blijft er op zijn minst *enig* 'natuurlijk kwaad' over dat niet te wijten lijkt te zijn aan de beperkingen van de wereld of aan het feit dat mensen niet zo volmaakt liefhebben als waartoe ze geschapen waren. Misvormde baby's zijn bijvoorbeeld niet met een van deze twee oorzaken te verklaren. Welk antwoord geeft iemand die in God gelooft daar nu op? Dat brengt me tot mijn derde gedachte.

Als de Bijbel het bij het rechte eind heeft, pa, dan is de menselijke vrije wil niet de enige die geschapen is. Het universum wordt ook bewoond door ontelbare geestelijke, vrije wezens die geen lichaam hebben, tenminste niet in de gewone natuurkundige zin. Ik weet dat u dit een belachelijk idee zult vinden, pa, maar u zou toch eens moeten proberen te beseffen dat dit een standpunt is dat vrijwel alle culturen die ooit bestaan hebben tot aan de onze, gemeenschappelijk hebben. Misschien verhindert onze 'verlichte' wetenschappelijke mentaliteit ons wel om iets te vatten van wat andere volken altijd al hebben begrepen.
De bijbelse term voor deze wezens is 'engelen' of 'demonen'. Ik wil niet dat u nu het beeld krijgt van gevleugelde harpbespelers in het wit, of van duivels met rode horentjes en hooivorken. Er staat niets in de Bijbel wat in de richting van zulke onnozele gedachten wijst. Ze worden ook wel 'overheden' en 'machten' genoemd. Dat geeft veel meer de indruk van een 'geestelijke macht' dan van een lichamelijke aanwezigheid.

In elk geval is de christelijke opvatting, op basis van de Heilige Schrift, dat deze wezens, net als wij, een persoonlijkheid hebben en vrij zijn. En net als wij hebben sommigen van hen hun vrijheid gebruikt voor het kwade. Deze boosaardige geestelijke machten – 'demonen' zo u wilt – zijn op het ogenblik in staat van oorlog met God en al het goede en de aarde is (met misschien nog andere plaatsen) hun slagveld. Er staat genoeg in de Schrift om vast te stellen dat dit wezens zijn geweest die een vermogen tot liefde hadden dat zelfs ver uitsteeg boven dat van mensen. Maar hun vermogen om kwaad te doen was ook dienovereenkomstig veel groter. Zoals u weleens gehoord zult hebben, was satan eens 'Lucifer', de mooiste van al Gods schepselen. Ik vat dat op in de volgende betekenis: hij had het grootste vermogen tot liefhebben. Maar nu is hij het pure en onverdunde kwaad. Hij is Hitler op een kosmische schaal! En zijn macht om invloed uit te oefenen is groot, evenals die van andere 'demonen' (denk aan de correlatie van liefde en verantwoordelijkheid waar we het in onze brief van 11 april over hadden).
Volgens de christelijke visie nu is de aarde dus letterlijk belegerd door een macht van buitenaf. Er is een macht van louter kwaad die op het ogenblik alles en ieder op aarde aantast. De Schepper is niet langer de enige die invloed heeft. Dit is waarom de aarde aan de ene kant zo ongelooflijk mooi is, maar aan de andere kant zo ongelooflijk nachtmerrieachtig kan zijn. Wij leven, zowel individueel als collectief, midden in de botsing tussen goed en kwaad. De schoonheid van deze wereld kan er niet zijn door stom toeval, maar het kwaad kan er ook niet zijn door een goed ontwerp. (Dat is nu precies waar het bij het 'probleem van het kwaad' om draait.)
Mijn stelling is dus dat de aarde een slagveld is. We zitten, net als Normandië in de Tweede Wereldoorlog, gevangen in het kruisvuur van een kosmisch gevecht. En zoals u weet, gebeuren er op slagvelden allerlei verschrikkelijke dingen. In zo'n situatie wordt elk voorwerp een potentieel wapen en iedereen een potentieel slachtoffer. Daarom zucht de hele kosmos in al haar delen, zegt de Schrift, en is zij in barensnood (Romeinen 8:22).
Ik verbeeld me geen ogenblik te weten *hoe* deze demonische machten de natuur precies overhoop gooien. Daar zwijgt de Bijbel in alle talen over. Maar het is mijn diepe overtuiging dat al het kwaad dat niet verklaard kan worden met een beroep op de noodzakelijke beperkingen van de wereld of van de menselijke wil ten kwade, te wijten is aan de wil van dit soort wezens. Uiteindelijk zijn we allemaal min of meer oorlogsslachtoffers.
Wel, ik vermoed dat deze laatste opmerking voor u een beetje moeilijk te slikken is. Een tijdlang was het dat in ieder geval voor mij. Maar nu aanvaard ik het als waar, omdat de Bijbel het leert en ik heb een hele-

boel redenen te denken dat de Bijbel waar is. Alleen de Bijbel maakt het bestaan van een God die liefde is, en die ook almachtig is, verenigbaar met het 'natuurlijke kwaad'. Ik heb ook een heleboel redenen om in deze God te geloven. Ik wil te zijner tijd een keer deze positieve overwegingen met u bespreken en dan ook uw vragen beantwoorden. Ik kijk naar uw antwoord uit.

In hoop,

Greg

Waarom heeft God satan geschapen?

6 juni 1989

Beste Greg

Zo zeg! Dat was me er een, die laatste brief van jou! Zoals je al vermoedde, vond ik veel van wat je schreef behoorlijk onwaarschijnlijk. Ik denk dat ik de dingen die je zegt over de beperkingen van de schepping wel kan accepteren, maar jouw duivelverhaal vind ik nogal vergezocht. Evengoed moet ik toegeven, dat ik deze wereld meer van een 'slagveld' vind weghebben dan van een kunstwerk van de hand van een liefdevolle God. Dus als iemand in zo'n God zou willen gaan geloven, dan denk ik dat hij inderdaad zou moeten geloven in zoiets als een 'kosmisch conflict' waar jij het over hebt. Maar voor mij is dat juist een reden temeer dat jouw kijk op God van geen kant klopt.

Hoe dan ook, ik heb hier nog wel wat vragen over, als je tenminste nog niet doodmoe van me bent. In de eerste plaats vraag ik me af hoe iemand als jij, die afgestudeerd is in Princeton en Yale, nu eigenlijk kán geloven in engelen en duivels en dat soort dingen. Het idee dat er onzichtbare schepsels in de wereld zijn die goed en kwaad kunnen doen, lijkt me eerder weggelopen uit *Star Wars* of een vorm van middeleeuws bijgeloof.

Een andere vraag die ik heb, is deze: waarom heeft God satan überhaupt geschapen? Jij zult waarschijnlijk zeggen dat het satans vrije keuze was om slecht te zijn. Maar als hij nu zo prachtig was geschapen, hoe kon hij dan zo'n slechte keus maken? Slechte mensen maken slechte keuzes – dat maakt hen slecht. Maar goede mensen doen goede keuzes – dat maakt hen goed. Dus als satan zo goed was, hoe komt het

dan dat hij zo'n slechte keus gemaakt heeft en nu zo veel kwaad doet, zoals jij veronderstelt?
Datzelfde geldt ook voor mensen, zit ik me net te bedenken. Hoe komt het dat *alle* mensen, die oorspronkelijk goed door God geschapen waren, zo slecht zijn? Je hebt geprobeerd God vrij te pleiten van natuurrampen door erop te wijzen hoe liefdeloos en hardvochtig mensen zijn. Daar ben ik het helemaal mee eens, maar nu zit ik me af te vragen of dit excuus wel klopt. Uiteindelijk heeft Hij ons geschapen, niet waar? Hij heeft ons onze aard gegeven. Dan is Hij per saldo toch verantwoordelijk?
Er schiet me nog een laatste punt te binnen. Vroeger heb ik in de Rooms Katholieke Kerk geleerd dat de hemel iets definitiefs is. Ik bedoel: als je eenmaal binnen bent, dan ben je voor altijd binnen. Nou zat satan toch in de hemel, niet? En toch viel hij. Denk je dat het dus mogelijk is dat ook mensen het kwaad kunnen kiezen als ze eenmaal in de hemel zijn? En als dat niet zo is, waarom heeft God ons dan niet meteen daar geschapen en zo iedereen de ellende van het aardse leven bespaard? Ik denk dat ik me nog steeds afvraag waarom God risico's moet nemen.
Het lijkt erop dat elke vraag alleen maar tien nieuwe vragen oproept. Denk je dat we zo verder komen, Greg? Niet dat ik het erg vind. Mijn hersens hebben tientallen jaren niet zo hard hoeven werken als nu en ik vind het nog leuk ook. Maar ik vraag me wel af of jij er niet genoeg van krijgt. Ik heb er echt wel begrip voor als dat zo zou zijn.

Veel liefs,

Pa

✍

18 juni 1989

Lieve vader,

U moet absoluut niet denken dat ik uw vragen zat ben. Ik vind dit juist prachtig! Zelfs als mijn aanhoudende pogingen om van u een dominee te maken geen succes hebben, zal ik nog steeds vinden dat ons gesprek de tijd en energie die we erin steken meer dan waard is geweest. Maar dat doet er helemaal niet toe, want ik weet dat u vroeg of laat zúlt gaan geloven. Let maar op.

Nu eerst uw vragen maar eens. In de eerste plaats snap ik wel dat dat hele 'kosmische conflict'-verhaal u als *Star Wars* in de oren klinkt. Dat deed het mij aanvankelijk ook. Maar nu vind ik het juist heel zinnig. Wat is er tenslotte zo onwaarschijnlijk aan de notie van 'geestelijke wezens'? Waarom zou de notie van een niet-lichamelijk, persoonlijk wezen moeilijker zijn dan de notie van een lichamelijk, persoonlijk wezen? Als er wezens met bewustzijn bestaan, zoals wijzelf – een feit dat in en op zichzelf opmerkelijk is – waarom zouden we dan de mogelijkheid van het bestaan van andere soorten persoonlijke wezens uitsluiten? Ik denk dat het 'gevoel' van science fiction dat het geeft afkomstig is van al die idiote plaatjes van engelen en duivels die we weleens gezien hebben. Maar waar ik het over heb, heeft niets met zulke stripfiguren te maken.

Kijk, is het niet zo dat hoe meer we van het universum weten, hoe vreemder het voor ons wordt? De kwantummechanica houdt zich bijna helemaal met een deel van het universum bezig – het gebied van de sub-atomen – dat vrijwel geheel onzichtbaar is. We kunnen het niet alleen niet zien, maar we kunnen ons zelfs geen voorstelling maken van hoe een foton, een neutron, een quark er eigenlijk uit zouden kunnen zien. We kunnen alleen maar hun gedrag met behulp van wiskundige vergelijkingen beschrijven. Goedbeschouwd kunnen we het grootste gedeelte van de werkelijkheid niet zien! Het verbaast me altijd als ik bedenk dat er op dit moment radiogolven door me heengaan, met stemmen en muziek. Maar daar kom je nooit achter, tenzij je een radio aanzet. Dus de gedachte dat er wezens kunnen zijn die ik niet kan zien, lijkt mij helemaal niet zo overdreven.

Het lijkt me ook niet onwaarschijnlijk dat zulke wezens of goed of slecht kunnen zijn. Als het universum bevolkt kan worden met zedelijke wezens van het fysieke soort, waarom dan niet met wezens van een niet-fysieke soort?

Ik zou natuurlijk nooit in het bestaan van zulke wezens geloven als ik geen goede reden had om dat te doen. Ik geef toe dat het in onze moderne cultuur vreemd gevonden wordt om deze overtuiging aan te hangen, maar ik denk dat ik er goede redenen voor heb. Ik heb, daar ben ik van overtuigd, zelfs uiterst goede redenen om te geloven dat Jezus de Zoon van God is en de Bijbel Gods Woord. (Over die redenen moeten we het nog eens een keer hebben.) Als nu deze twee gezaghebbende bronnen ons een beeld schetsen van de wereld als beïnvloed door geestelijke krachten, dan vormen mijn redenen om in deze autoriteiten te geloven tegelijk de redenen om in het bestaan van deze geestelijke machten te geloven.

Toch ben ik het aan u (en aan mezelf) verschuldigd om de legitieme vragen, die u opwerpt over dit geloof, te behandelen vóórdat we gaan

bekijken waarop iemand zijn geloof baseert aan de autoriteiten die dit geloof funderen. Daar gaan we dan.
U stelt een hele serie uitstekende vragen die nauw met elkaar samenhangen. Daarom ga ik proberen ze in één keer te beantwoorden. Het kernpunt is, dacht ik, hoe een goede schepping het kwaad kan kiezen. Dat punt ligt achter uw vraag over de val van satan en over de mensen die zo geneigd zijn tot het kwaad. Het ligt ook achter uw vraag over de hemel. De bewoners van de hemel zijn, naar we mogen aannemen, absoluut goed en zullen daarom nooit vallen. Dus waarom heeft God ons dan niet meteen zo geschapen?
Ik denk daar het volgende over: zoals ik in een eerdere brief al schreef, is voor liefde vrijheid nodig. Je moet ervoor kiezen. Hoe groter nu de mogelijkheid tot liefde is, des te groter is ook de mogelijkheid tot kwaad. Ik denk dat we het hier wel over eens zijn.
Maar ik denk niet dat dit betekent dat liefde *altijd* zo kwetsbaar moet blijven. *Wij hebben de neiging de beslissingen te worden die we nemen.* Hoe meer we iets *kiezen*, des te meer we dat *worden*. We zitten allemaal in een proces waarin we onze identiteit bevestigen door de beslissingen die we nemen. Met elke beslissing die we nemen, neemt ook de dynamiek in de richting van die beslissing toe.
Gewoon het observeren van mensen bewijst dit volgens mij. Ik heb eens een oude vrouw gekend, die de lelijkste, meest verbitterde en kwaadaardigste vrouw was die ik ooit ontmoet heb. Er werd mij verteld dat zij als jonge vrouw heel mooi was, knap en leuk. Maar toen ze negentien jaar was, ging haar verloofde er, drie dagen voordat ze zouden trouwen, met haar zus vandoor. Begrijpelijkerwijs voelde ze zich vernederd en gekwetst. Maar het meest tragische was dat ze haar leven lang ervoor bleef kiezen tegenover haar zuster en haar vroegere verloofde haatdragend en onverzoenlijk te zijn. Ook al had haar zuster ongelooflijk veel spijt over wat ze had gedaan en ook al probeerde ze later talloze malen het goed te maken (in de loop van meer dan vijftig jaar!), deze vrouw wilde nooit een millimeter bijdraaien. En met iedere beslissing om niet lief te hebben en niet te vergeven kwam ze vaster in haar verbittering te zitten. En net als alle andere negatieve gevoelens die lange tijd gekoesterd worden, kleurde haar verbittering haar hele kijk op het leven. Ze werd haar haat, ze werd haar verbittering. De richting van haar beslissingen werd onomkeerbaar. Ze *koos* niet daar niet langer voor, ze *kon* niets anders meer kiezen. Al het goede dat zij naar Gods oorspronkelijke bedoeling zijn kon, werd verteerd door de koers van haat waar zij steeds voor koos. Wat eens begonnen was als haar *beslissing*, werd uiteindelijk haar *aard*.
Zo gaat het denk ik op elk gebied van ons leven. Hoe meer wij voor iets kiezen, des te moeilijker wordt het om anders te kiezen, totdat we uit-

eindelijk helemaal vastzitten – vereeuwigd zijn – in onze beslissing. De dynamiek van ons karakter die ons in een bepaalde richting stuwt, wordt onstuitbaar. Met onze beslissingen scheppen we ons karakter, en op zijn beurt oefent ons karakter steeds meer invloed uit op de beslissingen die we nemen. Dat ligt in de aard van vrije, geschapen wezens en ik zie niet in hoe dat anders zou kunnen. Het leven lijkt, denk ik, veel op de spreekwoordelijke sneeuwbal die van de heuvel afrolt.

Wat geldt voor het kwade, geldt ook voor liefde. Er is een tijd geweest dat ik nog moest kiezen om Shelley lief te hebben. Toen was het ook heel goed mogelijk om te kiezen haar niet lief te hebben (en zij mij niet). Het was als het ware een 'proefperiode', zeg maar: 'verkering hebben'. Maar bij iedere keer dat we kozen voor liefde, viel er minder te kiezen. De mogelijkheid om niet van elkaar te houden werd steeds kleiner. En hoewel mijn liefde voor haar nog steeds een kwestie van 'vrije keuze' is, is het nu toch ook een deel van mijn aard. En de sneeuwbal rolt maar door.

Liefde moet altijd in vrijheid *beginnen* – maar het doel is om *onvrij* te worden. Niet in staat zijn om niet lief te hebben is de hoogste vorm van vrijheid in liefde. (Daarom is God aan de ene kant volkomen vrij en toch zegt de Bijbel dat Hij *niet kan zondigen*. Maar aangezien Hij eeuwig is, heeft Hij nooit een 'proefperiode' nodig gehad om zo te worden.)

Dus zoals ik het zie, pa, moeten alle schepselen die door God geschapen zijn om liefde te delen een 'proefperiode' doormaken, een periode waarin ze moeten kiezen om lief te hebben of niet lief te hebben. Ze konden niet gewoon 'in de hemel' geschapen worden. Als ze echter eenmaal gekozen hadden, hoe lang daar ook voor nodig was (afhankelijk van hun aard), kwamen zij vast te zitten aan hun beslissing. Dit is het wat de Bijbel bedoelt met hemel en hel. Het is de 'vereeuwiging' van je karakter.

Zo was Lucifer niet de hoogste van alle schepselen om wat hij in werkelijkheid *was*, maar om wie hij kon *worden*. Zijn grootheid lag in het geweldige vermogen tot liefde dat hij had. Maar dat hield ook in dat hij een onvoorstelbaar vermogen tot kwaad bezat. Het verschil begon met een beslissing. Het verschil tussen een Hitler en een moeder Theresa is ergens met een kleine beslissing begonnen.

Dit is in mijn visie dan ook de 'goedheid' van het menselijk geslacht, zoals dat oorspronkelijk geschapen was. Dat is waar het bijbelse verslag over Adam en Eva over gaat. Wij hadden en hebben het vermogen om wezens van een ondenkbare liefde te zijn. Maar dat betekent dat wij ook het vermogen hadden en hebben om wezens van een ondenkbare verwoesting te zijn. Tot op grote hoogte bepalen wij *zelf* of we het één of het ander worden.

Laat ik hiermee besluiten, pa. Het 'sneeuwbaleffect' dat opgaat voor individuele personen, geldt ook voor samenlevingen en voor de mensheid in het algemeen. Wat je eenvoudig met je ogen kan zien, en wat de Bijbel duidelijk onderwijst, is dat de mensheid een heel eind omlaag is gerold – in de verkeerde richting! U vroeg hoe het komt dat de hele mensheid zo verpest kan zijn; dit is de oorzaak. Het kwaad heeft de neiging kwaad te verbreiden, zowel individueel als maatschappelijk. Dit is een onderdeel van wat de christelijke theologie bedoelt met de 'erfzonde'.
De boodschap van de Schrift is, pa, dat wij allemaal, individueel en collectief, te ver heen zijn om nu nog datgene 'van onszelf te maken', wat God met ons voorhad. Wij kunnen het op ons eigen houtje niet goedmaken met God, niet met onze naaste en zelfs niet met onszelf! Wat wij nodig hebben, is een nieuw begin, een nieuwe schepping, een schone lei. En dat is volgens het evangelie wat God ons in Jezus Christus geschonken heeft. Hij werd mens, leefde zijn leven en stierf aan het kruis om ons volkomen te verzoenen met God en om ons een nieuw leven te geven – het leven van God. Dat leven is er voor ieder die gelooft. De enige manier om vervuld te worden van het leven, de vreugde en de vrede waartoe God ons geschapen heeft – en de enige manier om in die staat 'vereeuwigd' te worden – is om dit *als gave te ontvangen*. En we krijgen dat door een relatie met Christus aan te gaan. De reden dat ik er nooit genoeg van kan krijgen om met u te praten over het geloof, pa, is omdat ik u zo verschrikkelijk graag die relatie zie aangaan en deel zie krijgen aan dit nieuwe leven.

Als altijd met liefde,

Greg

Zevende briefwisseling

Is jouw God almachtig?

26 juni 1989

Beste Greg,

Nou, ik moet toegeven dat je er goed in bent om iets onwaarschijnlijks in ieder geval een béétje aannemelijk te maken. 't Is duidelijk dat ik je niet echt overval met mijn vragen. Niet dat ik ook maar iets geloof van je verhaal over die 'kosmische oorlog', maar ik snap nu tenminste dat iemand zoiets rationeel kan geloven. Je verhaal over hoe wij onszelf vastleggen door onze beslissingen lijkt me uit het leven gegrepen – een angstaanjagende gedachte voor iemand van zeventig zoals ik – en het is een antwoord op de vraag hoe mensen die van oorsprong goed zijn toch de verkeerde kant op kunnen gaan. Ik heb me dat vaak afgevraagd als ik hoorde over misdadigers die in hun jonge jaren toch alles mee leken te hebben. En dan zijn er ook 'heiligen' die soms uit een afschuwelijk milieu afkomstig zijn. Dat wordt zo toch wel begrijpelijk.

Maar elke keer als je begint over die vrije wil gaat bij mij de vraag zeuren: ik dacht altijd dat christenen geloofden dat God almachtig was en ook dat Hij liefde was. Toen Arlyle stierf, schreef de priester dat toe aan de 'ondoorgrondelijke wil van God'. Nou, ondoorgrondelijk was het zeker! Emotioneel zat ik helemaal aan de grond en ik had vier moederloze kinderen op te voeden, maar géén middelen om dat te doen! Zeggen christenen niet altijd, als ze geconfronteerd worden met een tragedie, dat 'God er een doel mee heeft'?

Maar jij lijkt al het kwaad toe te schrijven aan de bedoelingen van slechte mensen en de duivel. Maar waar blijft God dan in dit verhaal? Als Hij er al in voorkomt, dan kun je er de mensen niet meer van beschuldigen. Als je dat wel doet, is er voor God geen plek meer. Maar dan lijkt het er wel op dat je een God hebt die de zaak niet meer onder

controle heeft! Hoe zit het dan met die verhalen over dat je op God moet vertrouwen? Als alles in de wereld gaat volgens de menselijke vrije wil (met een beetje duivelse wil erdoor), wat heb je er dan nog aan om in God te geloven? Dan heb je een God die het allemaal ook niet kan helpen! En als Hij nou die kosmische oorlog verliest?
Het lijkt me dat de enige God die het waard is om in te geloven, er een is die de zaak in de hand heeft. Maar een God die alles onder controle heeft, kan weer niet tegelijk liefde zijn. En dán zou Hij het weer niet waard zijn om in te geloven. Het is net een cirkel.
Ik vermoed dat je ook deze keer wel een antwoord zult hebben; ik kijk ernaar uit.

Veel liefs, zoals altijd,

Pa

✍

5 juli 1989

Lieve vader,

Ik denk dat ik nu weet waar mijn aanleg voor theologisch denken vandaan komt – dat heb ik van u! U hebt echt het vermogen om te zien wát het probleem is en om door te stoten naar de kern van de cruciale punten. Je zou waarschijnlijk net als ik professor in de theologie moeten zijn om te beseffen hoe zeldzaam die gave is!
Wel, pa, u vroeg me of God wel almachtig is, of Hij alles onder controle heeft en waar het goed voor is om in Hem te geloven. Laat ik die vragen in deze volgorde behandelen.
Is mijn God almachtig? Daar zou ik ja en nee op willen zeggen. Laat ik dat uitleggen. In mijn visie (waarvan ik geloof dat het de bijbelse is) is God almachtig in die zin dat God *van oorsprong* alle macht bezat. Voor de schepping was God de enige die bestond en zodoende had Hij alle macht die er was. Hij kon doen wat Hij wilde en niets stond Hem in de weg.
Maar tegelijk houd ik vol dat God door de schepping van vrije schepselen noodzakelijkerwijs een stukje van zijn macht heeft opgegeven. Misschien is het beter om te zeggen dat God een deel van zijn macht heeft *gedelegeerd*. Onze vrijheid is een klein beetje 'sturingsvermogen', dat Hij aan ons geleend heeft. Om vrijheid voor zijn schepselen

mogelijk te maken, heeft God ons vrijwillig een deel van zijn macht gegeven, en daarbij de gelegenheid voor Hemzelf om 'altijd zijn zin te krijgen' ingeleverd. Ik denk dat het niet anders kán, want vrijheid moet meebrengen dat de vrije persoon zijn eigen weg kan kiezen – een weg die kan afwijken van Gods weg. Het is volstrekt onmogelijk voor God om altijd het stuur in handen te hebben en tegelijk aan vrije wezens toe te staan om een beetje sturing uit te oefenen. En voor zover God macht 'uitleent', gebruikt Hij die niet zelf.

Maar pa, het is wel belangrijk om te beseffen dat dit 'uit handen geven' van het stuur een geheel *vrijwillige* daad van God is. Als er een 'grens' aan zijn macht is, dan is dat omdat *Hij* dat zo beslist heeft en niet een of andere macht buiten Hem. Als God op een of ander punt niets kan doen (bijv. de wereld bevrijden van een bijzonder kwaad), dan is dat alleen maar omdat *Hij* besloten heeft om een wereld te scheppen die omstandigheden zou kennen waarin Hij niets kon doen. Alleen als er een macht buiten God zou zijn die God beperkte, dan zou je met recht kunnen zeggen dat Hij niet almachtig is. In mijn visie is God daarom in essentie almachtig, hoewel Hij er momenteel voor kiest dat niet te zijn. En de reden is dat Hij een schepsel wenst dat in staat is tot liefde en dat dus vrij moet zijn (dat zelf enige 'macht' moet hebben).

Heeft God nu dus alles onder controle? Zit er een goddelijk doel achter elke gebeurtenis? Weer zeg ik daar ja en nee op. En ook dat zal ik weer verklaren.

Aangezien het God zelf is die uitmaakt hoeveel macht elk schepsel krijgt, heeft God in die zin 'de touwtjes in handen'. Hij bepaalt de grenzen van de vrijheid die we krijgen binnen de loop van de geschiedenis die Hij leidt. In die zin heeft God altijd de macht in handen. Om deze reden is er absoluut geen kans dat God ooit de 'kosmische oorlog' zou verliezen. Hoeveel macht satan ook heeft, Gods ultieme doel – een schepping die in liefde met Hem leeft – wordt nooit bedreigd.

Tegelijk is het waar dat God niet elk individu onder controle houdt, want elke persoon moet tot op zekere hoogte vrij zijn. Vandaar dat een individu zich, binnen de kaders die door God gesteld zijn, dingen mag voornemen die helemaal haaks staan op Gods grote doel. Dus als de ene mens de andere pijn doet, moeten we, denk ik, niet gaan zoeken naar 'Gods bedoeling' in die gebeurtenis. Natuurlijk heeft God toegelaten dat die gebeurtenis plaatsvond, omdat zijn ultieme doel insluit dat Hij met vrij handelende mensen te maken heeft. En die vrijheid moet, zoals ik al in een vorige brief gesteld heb, onherroepelijk zijn. Maar iets 'toelaten' en iets 'bedoelen' of 'veroorzaken' zijn twee zeer verschillende dingen.

Ik weet dat christenen het vaak over 'Gods bedoeling' hebben als ze met een ramp geconfronteerd worden die door een ander veroorzaakt wordt. Dit jaar werd er hier in Bethel een meisje door een dronken man doodgereden. Veel studenten vroegen zich toen af wat voor bedoeling God ermee had om dat meisje 'thuis te halen'. Maar dit beschouw ik simpelweg als een vroom-verwarde manier van denken. Alleen de dronken chauffeur is schuldig aan de ontijdige dood van dat meisje. Het enige belang dat God in deze hele zaak heeft, is zijn plan om moreel verantwoordelijke mensen het recht toe te kennen om te beslissen of ze verantwoordelijk of onverantwoordelijk met de drank zullen omgaan.

We gaan naar uw laatste vraag. Wat voor nut heeft het om in God te geloven, als Hij de wereld toch niet helemaal in de hand heeft? Daar valt een heleboel over te zeggen, pa, maar ik raak beetje in tijdnood. Misschien kunnen we dat onderwerp in een volgende brief weer oppakken. Maar om het in een paar woorden te zeggen: daar zit een wereld van verschil tussen!

In de eerste plaats is de hoofdzaak van dit leven, vanuit christelijk perspectief bezien, helemaal niet dít leven, maar het leven hierná. Dit fysieke, tijdelijke bestaan is alleen maar een voorspel en een 'proeftijd' voor een leven dat eeuwig gaat duren. Vanuit dit perspectief (maar dan ook uitsluitend vanuit dit perspectief) is het heel zinnig dat God een beetje macht overdraagt in deze periode om ruimte te maken voor een schitterende gang van zaken waaraan geen einde komt in het volgende leven. Als dat niet waar is, is het leven ten laatste alleen maar tragisch en absurd.

Op dezelfde manier betekent geloven in God (aangezien Hij alle touwtjes op het kosmische toneel in handen heeft) vertrouwen dat alles waar God voor staat – liefde, waarheid, gerechtigheid, vrede, enz. – uiteindelijk zal overwinnen. Aan al onze elementaire morele overtuigingen over hoe de dingen *behoren* te zijn, zal voldaan worden. Als dat niet waar is, is al ons morele streven ongegrond en loopt het op niets uit. In deze tijd van 'voorspel' kan ons van de kant van mensen kwaad overkomen zonder dat God ingrijpt. Maar wat God wél doet, is ervoor zorgen dat dit kwaad niet het laatste woord heeft in ons bestaan.

Nog iets, pa: door in Christus als Verlosser te geloven, ontvangt een mens de volheid van leven die God altijd al voor hem klaar had liggen, een volheid van leven die door geen kwaad ter wereld meer geraakt kan worden. De apostel Paulus schrijft ons dat 'niets ons kan scheiden van de liefde van Christus' (Romeinen 8:35). Zelfs de dood kan daar niet meer tussen komen. Christus staat ons vrijheid op het materiële, publieke vlak toe, maar Hij is wel helemaal Heer in het hart dat Hem als zodanig aanvaardt!

Ten slotte, ook al heeft God aan de mensheid en andere geestelijke wezens veel vrijheid gegeven, hij heeft hen op geen stukken na *alle*

macht gegeven. Ook in deze tijd, die dus nog maar een aanlooptijd is, is Hij nog steeds de machtigste, ook al oefent Hij naar zijn eigen besluit niet *al* die macht uit. God behoudt zijn overheersende invloed op deze wereld en Hij is de enige die weet hoe deze wereld er uit zou zien zonder zijn constante, heiligende kracht.
Ik hoop dat ik zo uw vragen afdoende heb beantwoord. Nog gefeliciteerd met uw theologische scherpzinnigheid. Houen zo!

Uw liefhebbende zoon; in hoop,

Greg

Achtste briefwisseling

Waarom zou je überhaupt in God geloven?

4 augustus 1989

Beste Greg,

Sorry dat het een poosje geduurd heeft voor ik je terug kon schrijven, maar ik heb het nogal druk gehad in mijn functie van voorzitter van de vereniging van huiseigenaren van Kingswood Manor. Daar komt nog bij dat jouw laatste brief behoorlijk moeilijk was (je gaat nogal op de filosofische toer!) en het kostte me heel wat moeite om de inhoud van die brief te verwerken. Al die 'ja-en-nee'-antwoorden van jou... Je praat als zo'n rottige theoloog!

Greg, moet je eens luisteren. Je hebt echt heel goede antwoorden op al mijn vragen en ik geef toe dat je in zekere mate verschillende struikelblokken om in de God van de christenen te geloven voor me hebt opgeruimd. Maar het begint me te veel op een spelletje te lijken. Je hebt allemaal van die excuses om God uit de puree te halen en ze zijn nog indrukwekkend ook. Maar het lijkt mij dat het andersom moet zijn. Moet degene die zegt in zo'n liefdevolle God te geloven niet gewoon bewijzen dat die God werkelijk bestaat? Als je al die theologische hoogstandjes moet maken om je geloof te redden, dan is dat misschien wel omdat je geloof gewoon niet klopt! Als God bestaat, waarom is Hij dan niet wat duidelijker aanwezig? Ik zou wel duizend redenen kunnen bedenken waarom we het mannetje op de maan nooit te zien krijgen. Maar vroeg of laat ga je dan toch vermoeden dat dat misschien wel komt omdat er helemaal geen mannetje is!

Ik zie best in dat al jouw bewijsmateriaal iemand kan overtuigen die al gelooft in de Almachtige, maar ik bevind me nou niet echt in die positie. Ik ben altijd geneigd geweest om te geloven dat er een soort 'hogere macht' achter alles is, maar ik zie geen enkel hard bewijs dat dat een persoonlijk wezen moet zijn dat almachtig is (in wat voor betekenis dan ook) en zich ook maar een béétje bekommert om de mensheid. Sterker nog, ik zie niet in hoe we kunnen beweren daar ook maar iets van te weten. Misschien hadden we het hier eerst over moeten hebben, maar ik heb je van tevoren gezegd dat ik geen enkel duidelijk systeem van overtuigingen heb. Ik stel gewoon de vragen zoals ze bij me opkomen. Zo, dat is eruit! Ik ben benieuwd naar je antwoord.

Veel liefs,

Pa

21 augustus 1989

Lieve vader,

De meisjes hebben blijkbaar behoorlijk wat meegekregen van 'het uithoudingsvermogen van de Boyds'. Ik heb ze naar verschillende hardloopwedstrijden meegenomen de laatste paar weken en ze deden het uitstekend! Denay heeft twee keer de halve mijl voor twaalf jaar en jonger gewonnen en Alisha werd allebei de keren derde. Het geeft ze een kick om jongens te verslaan, helemaal als die ouder zijn. Zelfs Nathan ging meedoen, hoewel ik denk dat hij geen flauw idee had waar het om ging. Hij probeerde 'Superboy' te spelen en 'vloog' met uitgestrekte armen langs het parcours. Op zulke momenten zou ik graag willen dat u hier was. Ik denk dat u het heel leuk zou vinden.
Maar goed, het ziet er naar uit dat we langzamerhand tot de kern van de zaak komen in onze theologische discussie. Waarom zou je überhaupt in God geloven? Daar heb ik een heleboel redenen voor, pa. Sommige daarvan komen uit mijn hoofd, andere uit mijn hart. Sommige vereisen een hoog abstractieniveau op filosofisch gebied, anderen komen regelrecht van binnenuit. Maar ik denk dat ik ze allemaal wel in één ongecompliceerd argument kan samenvatten. Ik noem dit 'het antropologische argument', omdat dit argument het bestaan van een persoonlijke God probeert te bewijzen vanuit de persoonlijke natuur van menselijke wezens. Ik zal u de essentie van dit argument uitleggen en me daarbij zo weinig mogelijk technisch proberen uit te drukken.

De grondlijn in mijn redenering is de volgende: wij, menselijke wezens, zijn persoonlijke wezens. Dat betekent, naar mijn overtuiging, dat we bestaan uit verstand, dat zich van zichzelf bewust en rationeel is; een hart dat vrij is en kan liefhebben en daarom morele verantwoordelijkheid draagt; en een ziel (of hoe u dat ook maar noemen wilt) die hunkert naar inhoud en betekenis. Bewustzijn, rationaliteit, liefde, moraal en betekenis: dat zijn, en dat houd ik vol, de elementen die de essentie vormen van wat het is persoon te zijn in de volle zin des woords.

Het dilemma waar we voor staan, is dit: óf wij bestaan in een omgeving (nl. de kosmos) die past bij deze eigenschappen, óf niet. Of ons milieu stemt overeen met deze eigenschappen – het maakt ze begrijpelijk en beantwoordt eraan – óf ze doet dat niet. Ter illustratie: we hebben honger en zowaar, er is voedsel. We hebben dorst en zowaar, er is water. We hebben seksuele lusten, en zowaar, er is seksualiteit. Onze omgeving stemt dus overeen met onze natuurlijke honger, dorst en seksuele lusten. En gegeven het soort wereld waarin wij leven, kunnen we begrijpen waarom we honger, dorst en seksuele lusten hebben. Onze kosmische omgeving 'geeft antwoord' op onze natuurlijke driften en geeft ze betekenis. Kunt u me nog volgen?

Welnu, de vraag is of onze kosmische omgeving beantwoordt aan de basiskenmerken van ons mens-zijn. Ik beweer dat, tenzij onze omgeving ten diepste zelf persoonlijk is, tenzij de uiteindelijke context waarin wij leven zelfbewust, rationeel, liefhebbend, moreel en doelgericht is, ons kosmisch milieu helemaal niet aan ons mens-zijn beantwoordt. Met andere woorden: tenzij er een persoonlijke God is, die de hoogste werkelijkheid is waarin we bestaan, kunnen we als mensen alleen maar beschouwd worden als absurde, gekwelde spelingen van de natuur. Want alles wat voor ons essentieel is, is dan verschrikkelijk misplaatst in dit universum. Dit maakt de menselijke natuur aan de ene kant volkomen onverklaarbaar. Hoe zou de redeloze natuur uit zichzelf iets kunnen ontwikkelen wat zozeer met zichzelf uit de pas loopt? En aan de andere kant: als we onder ogen zien hoe we er werkelijk voor staan, betekent het dat het menselijk bestaan uiterst pijnlijk is. Want dan zijn we het product van een wrede, misselijke, kosmische grap.

Zo komt het bijvoorbeeld dat wij mensen instinctief aannemen dat de werkelijkheid rationeel is en dat redeneren ons dichter bij de waarheid brengt (en de wetenschap lijkt te zeggen dat deze veronderstelling geldig is), maar uiteindelijk is de natuur irrationeel. Er zit geen allesomvattend plan achter.

Wij mensen nemen instinctief aan dat liefde werkelijk bestaat, dat ze het enige ideaal is dat waard is om voor te leven en te sterven. Maar de natuur lijkt juist een onverschillig, liefdeloos en redeloos proces van

botsende chemicaliën te zijn – en daarmee worden onze idealen gereduceerd tot hormonale reacties.
Wij mensen nemen instinctief aan dat onze morele overtuigingen kloppen met de werkelijkheid, niet waar? Natuurlijk zijn er mensen die zeggen dat morele overtuigingen 'alleen maar een kwestie van smaak' zijn, maar als je ze op een kruispunt de weg afsnijdt, veranderen ze prompt van mening. Want dan doe je ze groot onrecht!
En wij mensen hunkeren instinctief naar betekenis en doel. Dat kun je overal om je heen zien aan de manier waarop mensen zich gedragen. We streven er allemaal naar om ons leven met een of andere betekenis te bezielen, een of andere zin. Maar als onze kosmos ten diepste onverschillig en doelloos is, dan is alles wat we zijn, alles wat we doen, alles waar we in geloven, alles waar we ons voor inzetten, niet meer dan 'stof in de wind'. Het doet er dan na ons leven niet meer toe dat we ooit bestaan hebben of dat we ooit weer zullen leven. Ten laatste is alles dan zinloos.
Dus, pa, tenzij de diepste bron van alle bestaan op zijn minst net zo persoonlijk is wijzelf, is mijn standpunt dat wie wij zijn onverklaarbaar is en ontzettend moeilijk te verteren.
Mogelijk heb ik dit argument te beknopt weergegeven, maar ik wil me op dit punt niet schuldig maken aan overkill. Laat me maar weten wat u van mijn gedachtegang vindt. Misschien zorgen uw vragen ervoor dat ik mijn redenering moet nuanceren.

Pas goed op uzelf vader. Ik houd van u.

Greg

Negende briefwisseling

Waarom zou alles er niet toevallig zijn?

15 september 1989

Beste Greg,

Ik vond het prettig laatst om je te spreken. Leuk om te horen dat de kinderen die sportevenementen prachtig vinden. Wat zou ik daar graag bij willen zijn. Als ik wat beter in de slappe was zat, zou dat geen probleem zijn. Maar goed, zo is het leven.

Nu over naar je 'antropologische argument'. Het kan zijn dat ik je verkeerd begrijp, Greg, maar ik snap jouw punt domweg niet zo goed. Het klinkt bijna alsof jij zegt dat er een God móét zijn, of anders is het leven rot. Maar joh, het leven *ís* ook rottig! Dus ook al kan ik het ermee eens zijn dat er iets in ons graag een liefhebbende 'Vader in de hemel' zou hebben – dat heeft iets troostends, neem ik aan – ik zie niet in dat dat iets anders is dan wishful thinking.

Vervolgens zeg je dat het bestaan van mensen onverklaarbaar is, tenzij er een persoonlijk wezen is dat ons geschapen heeft. Maar kunnen wij niet gewoon per ongeluk ontstaan zijn? Dat zeggen de biologen toch? Leert de evolutietheorie niet dat ons verstand en onze moraliteit gewoon een deel van ons streven naar zelfbehoud zijn? Ik weet niet helemaal wat ik van die theorie moet denken, maar het geeft wel een alternatieve verklaring.

Overigens zal ik niet ontkennen dat er een of andere kracht, sterker dan wij, achter het universum zit. Ik heb altijd wel gevonden dat er een te duidelijk ontwerp achter de kosmos zit dan dat het allemaal op toeval zou kunnen berusten. Deze wereld lijkt niet iets te zijn wat zomaar in één klap tot stand komt. Maar ik zie gewoon nog niet in hoe je er zeker

van kunt zijn dat de mensen zoveel betekenis hebben voor deze kracht als de Bijbel beweert. Misschien zijn we alleen maar een soort bijproduct in de hele show. Het universum is tenslotte een erg groot gebied! Onze aarde is nog geen zandkorreltje op het kosmische strand, om het eens dichterlijk te zeggen!
Blijf doorgaan met hardlopen en schrijven. Je brieven maken veel bij me los. Ik lees ze altijd een paar keer door voordat ik mijn antwoord schrijf.

Heel veel liefs,

Pa

25 september 1989

Lieve vader,

Goed, u gelooft dat er een of andere 'kracht' bestaat, die de oorzaak van de dingen is. Ik probeer gewoon uit te zoeken wat voor soort 'kracht' dat dan is. Als nu een gevolg niet groter kan zijn dan zijn oorzaak, dan betekent het feit dat mensen (het gevolg) persoonlijk zijn toch dat de oorzaak (de 'kracht') ook persoonlijk moet zijn?
Stel dat de evolutietheorie waar is, dan kan die ons alleen maar een biologische veronderstelling opleveren over hoe de mensen zijn ontstaan. Maar veel fundamenteler is de vraag hoe de evolutie überhaupt het soort resultaten kan voortbrengen dát zij voortbrengt. Wat moet die hoogste 'macht' in het universum eigenlijk zijn, bijvoorbeeld bij evolutie, om dat soort karakteristieken te hebben zoals het die heeft? Daarmee vraag ik iets over het proces zelf. Dat is een metafysisch (bovennatuurlijk) probleem, waar de wetenschap geen antwoord op kan geven.
Nu komt mijn argument er in het kort op neer, dat het proces zelf onmogelijk op louter toeval kan berusten. Kijk eens, de enige manier waarop we kunnen begrijpen waarom ons verstand de fysieke werkelijkheid überhaupt kan begrijpen, is door te geloven dat het fysieke universum 'op ons verstand is ingesteld'. Onze manier van denken over de werkelijkheid vooronderstelt een overeenkomst tussen ons verstand en de werkelijkheid. De wetenschap gaat uit van deze stelling. Dit noemde Einstein 'de onbegrijpelijke begrijpelijkheid' van het universum. Hoe komt het bijvoorbeeld, dat zijn relativiteitstheorie in de werkelijkheid

'past', hoewel hij die zuiver met wiskundige formules had ontwikkeld? Het succes van zijn theorie – die naderhand empirisch (door experimenten) bewezen is – betekent dat de fysieke werkelijkheid de soort wiskundige structuur heeft die Einstein uit kon werken. Einstein legde zijn theorie niet aan de werkelijkheid óp, hij ontdékte haar. De wereld was al 'op het verstand ingesteld' voordat er een verstand als dat van Einstein aan kwam zetten om dat in te zien.

Maar toeval kan domweg geen wiskundige formules voortbrengen, pa. En toeval kan ook geen organismen produceren zoals ons verstand, dat wiskundige formules kan kennen en ontwikkelen. Bekijk het eens zo: als onze hersens alleen maar 'bewegende chemicaliën' zijn, dan is elke waarheid die we denken te ontdekken niets meer dan een domme chemische reactie, die niet meer waarheid bevat dan, laten we zeggen, een oprisping. Op dat punt zijn alle chemische reacties aan elkaar gelijk, afgezien van hoe ingewikkeld ze verder mogen zijn. Zo bezien liet Einstein alleen maar een ingewikkelde boer met al zijn theorieën.

Maar waarom gaat zijn theorie dan op in de praktijk? Het succes van zijn formule – en van alle wetenschap – bevestigt de instinctieve vooronderstellingen die we over het verstand hebben. Ons verstand is meer dan een netwerk van chemische reacties. Het kan rationeel de natuurkundige aspecten van de wereld begrijpen, omdat de wereld zelf rationeel is. En omdat je nu eenmaal geen rationaliteit kunt hebben zonder een rationeel verstand – daar kom je niet aan door stom toeval – daarom moet er wel een rationeel verstand achter de fysische wereld bestaan. Uw 'kracht' moet rationeel zijn.

Precies hetzelfde zou ik kunnen zeggen over moraliteit. Als moraliteit alleen maar het resultaat is van toeval, alleen maar iets wat een zeker soort primaten nodig had om hen te helpen overleven, dan hebben al onze morele aanspraken geen enkel objectief referentiepunt. Ze zeggen niets over hoe de dingen *zijn*, maar enkel over de manier waarop wij *voelen* – door toevallige evolutie.

Maar als u zegt dat Hitler 'verkeerd' deed toen hij zes miljoen joden afslachtte, of als u zegt dat die gek over wie u me schreef, 'verkeerd' deed toen hij dat meisje verminkte, dan bedoelt u meer te zeggen dan alleen maar dat u 'dat niet prettig vindt aanvoelen'. Gaat u er niet ook van uit dat deze daden in tegenspraak zijn met hoe de dingen zouden moeten zijn? Is het niet zo dat u hier niet iets beweert over hoe *u* bent, maar over hoe het *universum* in elkaar zit? Neemt u ook niet aan dat er een morele wet in het heelal is, in de structuur der dingen zelf, die door deze idioten is geschonden?

Het is heel belangrijk om in te zien dat toeval – louter scheikundige reacties – evenmin moreel kan zijn als rationeel. En aangezien het gevolg niet groter kan zijn dan de oorzaak, moet de 'kracht' die achter de kosmos ligt niet alleen rationeel zijn, maar ook moreel.

En daarmee begint die 'kracht' toch wel erg veel op een persoon te lijken.

Ik denk dat je hetzelfde kunt zeggen over ons zelfbewustzijn. We zijn ons van onszelf bewust en daardoor zijn we vrij. Maar kunnen toevallige chemische reacties, hoe ingewikkeld ze ook mogen zijn, ooit vrij zijn? Hetzelfde geldt voor liefde. En zo staat het ook met betekenis.

Wat ik zei over hoe onverdraaglijk het is om als persoon te leven in een omgeving die fundamenteel onpersoonlijk is, was niet bedoeld als argument voor het bestaan van God op basis van *wishful thinking*. Ik bedoelde het volgende te beargumenteren: te veronderstellen dat de natuur schepselen zou kunnen voortbrengen met verlangens die de natuur zelf niet kan vervullen, stemt niet overeen met alles wat we verder weten over de wereld. Dan zou je alweer moeten aannemen dat het gevolg de oorzaak overstijgt en wel op een rampzalige manier. Als het doek waarop de kosmos geschilderd is, ten diepste niet persoonlijk is, zoals wij dat zelf zijn, dan zijn we als vissen op het droge. Dan schreeuwen we wanhopig om water, maar dan is er nooit zoiets als water geweest! Maar hoe kan zo'n toestand dan ooit ontstaan zijn? Waar zou ons verlangen naar iets dat nooit bestaan heeft en nooit zou kunnen bestaan, dan vandaan moeten komen?

Daarom stel ik dat de kenmerken van het mens-zijn en de verlangens die opkomen uit het mens-zijn vereisen, dat de diepste oorzaak van het mens-zijn en het verband waarin de mens bestaat, persoonlijk zijn. Dit is tenminste de enige rationele veronderstelling die je kan maken over 'de kracht'.

Pa, laat me tot slot zeggen waarom ik in God geloof. Ik ben er echt van overtuigd dat dit argument (en vele andere soortgelijke) hout snijdt. In zekere zin is het, denk ik, gewoon het logisch dóórtrekken van de consequenties van wat we allemaal toch al geloven over onszelf en de wereld. Maar mijn geloof in God is niet alleen maar een theorie die ik toevallig voor waar houd. Nee, het is een relatie.

Toen ik tot geloof in God kwam en ging vertrouwen in het offer van Jezus Christus als de enige manier om het goed te maken tussen mij en die 'morele kracht' tegenover wie ik me ooit zou moeten verantwoorden, ontdekte ik door ervaring dat er op de verlangens van het menszijn wel degelijk 'een antwoord' bestaat. Ik was een naar adem snakkende vis die ontdekte dat er zowaar water bestond! En dat wás me toch een wonderlijk, verfrissend en voldoening schenkend water! Alles waar het hart naar verlangt, krijgt door het geloof in God niet alleen een verklaring, maar ook zijn *vervulling*. Ik hoop, pa, dat u op een dag

niet alleen maar met mijn theorie zult instemmen, maar dat u echt deel krijgt aan deze relatie met God.
Ik wacht met spanning op uw antwoord.

Uw liefhebbende zoon,

Greg

Waarom heeft God je moeder niet in leven gelaten?

18 oktober 1989

Beste Greg,

Nou, ik moet je nageven: het is een behoorlijk overtuigend verhaal wat je daar schreef. Ik had nog nooit zoiets gehoord. Heb je dat zelf bedacht? Heel dat idee, dat onze persoonlijke karaktertrekken ergens vandaan moeten komen en ergens in wortelen, vind ik erg zinnig. En met name wat je zegt over moraliteit en rede vind ik erg overtuigend.
Dus mijn 'kracht' heeft persoonlijke karaktertrekken. Maar ik weet niet precies waar ons dat nu brengt, Greg, want ik zie niet in wat voor verschil het maakt wat voor karaktertrekken God heeft. Hij lijkt nog steeds niet bijster in ons geïnteresseerd te zijn! En wat voor nut heeft het om te geloven in een God met mensachtige karaktertrekken, als Hij niet persoonlijk in jou of mij geïnteresseerd is? Ik wil niet blijven slaan op hetzelfde aambeeld, maar als Hij echt zo persoonlijk in ons mensen geïnteresseerd was als jullie wedergeboren types beweren, snap ik domweg niet waarom Hij ons al zolang heeft laten aanmodderen.
Ga maar na, Greg, hoe simpel zou het voor God niet geweest zijn om gewoon een eind aan Hitlers leven te maken en zo het leven te redden van al die Joodse kinderen? Waarom heeft Hij die hufter niet laten aborteren voor hij geboren werd? Of hem een als kind een dodelijke ziekte gegeven? Dat gebeurt zo vaak. Waarom dan niet met hem?
Nog een ander aspect van de religie heb ik ook nooit begrepen: bidden. Als God persoonlijk in ons geïnteresseerd is, zoals jij zegt, dan kunnen we kennelijk met Hem praten. Maar luistert Hij ook? Ik denk het niet. Vraag je eens af hoeveel miljoenen Joodse ouders God de oren van het

hoofd hebben geschreeuwd tijdens de holocaust. Alles wat zij te horen kregen was stilte. Waar was die persoonlijke zorg van Hem toen? In de Bijbel staat dat Hij ze redde van de Egyptenaren door de Rode Zee te splijten. Maar ditmaal scheen Hij het druk te hebben met dringender kwesties.

Maar als God nu persoonlijk in ons geïnteresseerd is, waarom blijft bidden dan zo volkomen zonder resultaat? Ik ben niet in staat me ook maar één situatie uit mijn leven voor de geest te halen waar de gebeden van iemand werkelijk werden verhoord. Tony zei altijd dat Leona en oma Raz van die 'machtige bidders' waren. Ik heb me altijd afgevraagd wat hen nu zo machtig maakte, want hun gebeden maakten op mij een nogal machteloze indruk. Leona reeg haar gebeden aaneen tot novenen en bad tot ze door haar knieën zakte. Maar ik had altijd het gevoel dat de kans op het krijgen van Gods aandacht en op verhoring van haar gebeden zo ongeveer hetzelfde waren als die op een gelukkig toeval.

Toen Arlyle ging sterven, hebben we met z'n allen gebeden tot we een ons wogen. Zelfs jullie, kinderen, zaten te bidden. Misschien luistert God niet naar de gebeden van zondige volwassenen, maar Hij had toch op zijn minst jullie kindergeroep moeten horen! Maar in plaats daarvan bleven jullie zonder moeder achter en dat was het begin van een nogal ongelukkige geschiedenis die je zelf maar al te goed kent! Als God persoonlijk bezorgd was geweest om ons, Greg, dan zou Hij je moeder hebben laten leven en ons een enorme hoop pijn bespaard hebben.

Dit kun je vast wel weer met je theorie over de kosmische oorlog verklaren, maar mij lijkt het makkelijker om domweg vast te stellen, dat Hij geen barst om ons geeft. Wat er ook voor het universum op zijn persoonlijke agenda staat, ik zie niet in dat dat iets te maken heeft met onze kleine aarde.

Alsjeblieft, recht uit het hart.

Veel liefs,

Pa

23 november 1989

Lieve vader,

De eerlijkheid van uw laatste brief stel ik erg op prijs. Het is duidelijk,

zoals u schrijft, een brief 'recht uit het hart'. Dat verdient volgens mij om een antwoord van hetzelfde kaliber.
Ik denk dat het belangrijk is, dat we in de eerste plaats zoveel als we maar kunnen tot begrip van God en onze wereld komen. Maar er komt een moment dat wij het óf niet verder meer kunnen begrijpen óf dat ons begrip niet verder in staat is de diepte van de problemen waar we mee worstelen te doorgronden. Het kan zijn dat een man en vader die zijn vrouw, de moeder van zijn kinderen, verloren heeft bij het bombardement van (laten we zeggen) Dresden wel een verstandelijk antwoord heeft op de vraag waarom de bommen gegooid werden. Maar dat maakt zijn woede over het feit dat het *zijn* vrouw was en de moeder van *zijn* kinderen die gedood werd niet kleiner. Ik denk, pa, dat u in net zo'n situatie verkeert.
Wat moet ik daarop zeggen? Ik kan alleen maar iets 'recht uit het hart' zeggen. Ik heb God ook vaak gevraagd waarom mijn moeder dood-ging. En ook ik heb daar nooit een antwoord op gekregen. En ik ben ook woedend geweest. Maar God is daardoor niet beledigd. Zoiets is alleen maar eerlijk en God houdt van eerlijkheid.
Net als ieder kind groeide ik op met de behoefte om onvoorwaardelijke liefde en acceptatie van een moeder te voelen. Maar dat heb ik nooit gevoeld. Zoals u weet kregen wij als kinderen soms precies de tegenovergestelde boodschap van onze stiefmoeder[1]. Ik heb altijd geweten dat *u* van mij hield – en ik herinner me dat ik me altijd 'veilig' voelde als u thuiskwam – maar uw werk bracht met zich mee dat u meestal niet thuis was. Dus als ik zo terugkijk op mijn jeugd, zie ik dat ik opgegroeid ben met een intens gevoel van verlatenheid. Het heeft geduurd tot ik volwassen was voor de pijn die dat gaf me in zijn volledige sterkte trof. Kinderen stoppen weg wat ze niet kunnen verdragen.
Maar toen ik een jaar of twintig was, zo'n drie jaar nadat ik christen was geworden, kreeg ik iets wat stukken belangrijker was dan een antwoord op mijn vraag naar het waarom. Ik kreeg genezing (en dat krijg ik nog steeds). Allerlei herinneringen uit mijn kinderjaren begonnen terug te komen – meestal als ik aan het bidden was – en die waren soms buitengewoon pijnlijk. Maar ik was, denk ik, ondertussen gezond genoeg om de confrontatie aan te gaan. Maar ondanks die herinneringen, bracht de Here mij liefde en genezing.
Ondanks veel van de dingen die ik als kind had uitgelegd als een negatief commentaar op mijn eigenwaarde (bijv. sommige rare vormen van straf die mijn stiefmoeder me gaf), liet de Here me zien dat ik het *wel* waard was liefgehad te worden en dat ik in zijn ogen van een oneindige waarde was. En Hij liet me dat ook *ervaren*. Ondanks de verlatenheid

1. Mijn vader en stiefmoeder zijn in 1970 gescheiden. Jeanne Boyd is mijn tweede stiefmoeder.

die ik had ervaren, verzekerde de Here mij: 'Ik zal u geenszins begeven, Ik zal u geenszins verlaten' (Hebreeën 13:5b). En ondanks mijn behoefte aan onvoorwaardelijke moederliefde, die ik nooit had gehad, zei de Here: 'Ik zal die moeder voor je zijn.' En dat is 'Hij' ook! Christus is niet onze tegenstander in tijden van lijden: Hij is juist onze genezing.

Dat werd Christus voor mij. Mijn ziel werd en wordt vervuld met de onvoorwaardelijke liefde van Jezus. En onvoorwaardelijke liefde is de enige bron van leven voor de ziel en het enige medicijn voor al zijn wonden. Een antwoord vanuit je verstand kan zoiets niet geven. Mijn vraag blijft bestaan maar Christus heeft mijn vertrouwen gewonnen, door mij zijn schoonheid te tonen – de schoonheid van een liefde, een genade, een zachtmoedigheid, een zachte kracht die een gewoon mens nooit kan evenaren. Hij heeft mijn liefde en mijn vertrouwen gewonnen door zijn blik vol genezend mededogen en door zijn omhelzing van liefdevol begrip. Hij heeft mijn hart vervuld met een begrijpen, waar mijn verstand nooit bij zou kunnen. (Dat bedoelt de Bijbel met de woorden: God geeft de gelovigen een 'vrede die het verstand *te boven* gaat'.)

Wat ik ook ervaren heb, pa, en wat je in het hele Nieuwe Testament kan zien, is dat Jezus in ons lijden met ons mee lijdt. Zo geneest Hij ons van ons lijden. Een van zijn namen in het Nieuwe Testament is 'Immanuël' , wat betekent: 'God *met* ons'. Hoe diep we ook zinken, God is met ons. Daar, op de bodem van de put, zit Hij ons op te wachten! Hij zit niet ver weg, op een of andere verre planeet, onverschillig voor onze misère, nee, Hij is erbij, in alles waar we doorheen moeten.

Misschien herinnert u zich dat ik in het eerste jaar van mijn studie lange tijd ernstig heb getwijfeld aan de waarheid van het christelijk geloof. Dít probleem – het probleem van het kwaad – was toen de kern van mijn twijfel. Ik werd heen en weer geslingerd tussen twee tegenstrijdige opvattingen. De wereld met al zijn schoonheid, zijn vormgeving, zijn complexiteit en zijn persoonlijke karaktertrekken *eist* het bestaan van een God. Maar in die tijd dacht ik dat al het leed in de wereld er juist op wees dat er geen God *kon* zijn. Dat alles kwam tot een climax voor me op een koude avond in februari, toen ik terug liep na een college astronomie op de universiteit van Minnesota. En terwijl ik nadacht over de grootsheid van de sterrenwereld waar we net naar hadden staan kijken, zei ik tegen mezelf: er moet een God zijn. Maar toen ik nadacht over de nachtmerrie van Auschwitz, zei ik tegen mezelf: er kan geen God zijn. Die twee gedachten maalden op topsnelheid door mijn hoofd. Ik werd er helemaal gek van.

Op het laatst, juist toen ik bij mijn auto kwam, keek ik omhoog naar de hemel en schreeuwde het uit met een luide, boze stem: „De enige God in wie ik kan geloven, is er een die weet wat het is om een Joods kind te zijn, dat levend begraven wordt en wat het is om een Joodse moeder te zijn, die moet toekijken hoe haar kind wordt begraven!" En juist op dát moment kwam het in me op (of werd het mij geopenbaard?): dat is nu *precies* het soort God dat het christendom verkondigt. Geen enkel ander geloof doet dat. Alleen het evangelie durft te verkondigen dat God pats boem binnenkomt, midden in de hel die wij creëren. Alleen het evangelie durft te verkondigen dat God als baby geboren werd in een rotstal vol stront, dat Hij zijn leven leefde, terwijl Hij vriendschap betoonde aan hoeren en melaatsen voor wie niemand anders opkwam, en dat Hij zelf de helse diepte van alles wat het menselijk bestaan tot een nachtmerrie maakt, onderging. Alleen het beeld dat het evangelie van God schetst, maakt het tegenstrijdige feit betekenisvol dat de wereld zo prachtig en tegelijk zo foeilelijk is.

Wat ik bedoel is geloof ik dit, pa: ik weet niet precies waarom God onze gebeden voor Arlyle niet verhoord heeft. Ik weet wel, dat als de mens niet zondig was en als we niet in die geestelijke oorlog verwikkeld waren, dan zou deze verdrietige situatie er nooit geweest zijn. Maar veel belangrijker dan deze verklaring is het te begrijpen dat God meeleed met u en mij en Arlyle tijdens heel haar ziekte. Ook Hij vergoot tranen. En door zelf deel te hebben aan onze pijn wil Hij ons ervan verlossen. Hij wil alles geven wat maar genezing kan brengen. Aan u, aan mij, aan allen die erbij betrokken zijn. Zijn helende kracht zit in zijn kwetsbaarheid voor pijn. Hij is in mijn leven begonnen die heling teweeg te brengen. Hij kan dat in uw leven ook doen.

Als u zich maar een beeld in uw hoofd zou kunnen vormen van de schoonheid van Christus, pa, dan zou Hij uw genegenheid winnen op een manier die met geen redenering te bereiken valt.

Nogmaals bedankt voor uw eerlijkheid.

In liefde en in hoop,

Greg

Elfde briefwisseling

Waarom heeft een almachtige God eigenlijk gebeden nodig?

15 december 1989

Beste Greg,

Ik neem aan dat jullie al behoorlijk in de kerststemming zijn. Met drie kinderen in huis is dat zelfs moeilijk te vermijden. Ik herinner me die kerstmorgens nog wel toen jullie allemaal nog klein waren. Dat zijn wel erg dierbare herinneringen. Ik heb eigenlijk geen andere die me zo lief zijn. Je hebt er geen idee van hoe graag ik daar bij jullie zou willen zijn in deze tijd van het jaar. „I'm dreaming of a white Christmas" – hier in het zuiden, in Florida, bij een temperatuur van zo'n dertig graden! Vertel de kleintjes maar dat hun cadeautjes onderweg zijn.

Wel, Greg, om eerlijk te zijn, eigenlijk weet ik niet wat ik met je laatste brief aan moet. Ook ik heb waardering voor de eerlijkheid waarmee je 'recht uit je hart' schrijft. Ik beken dat ik geroerd ben door wat jouw geloof bij jou heeft uitgewerkt. En je kijk op God is aangrijpend (helemaal in deze tijd van het jaar). Ik vraag me af waarom ik, als jouw visie inderdaad de christelijke is, daar nooit eerder van gehoord heb. Ik denk dat de meeste mensen als ze aan God denken een nogal gemene, krasse oude man met een baard boven de wolken voor zich zien. Maar jij komt met een wel heel ander plaatje. De vraag is wel, hoe jouw visie dan past bij het verhaal van God die Sodom en Gomorra verwoest, de Kanaänieten uitroeit en de zondvloed over de hele wereld brengt. In het licht van deze verhalen lijkt me de visie van de gemene God beter te kloppen.

Hoe dan ook, jouw visie trekt me wel aan, Greg. Maar ik ben domweg

niet in staat om je geloof daarin te delen. Ik heb gewoon nog teveel vragen. 't Gaat me er niet om het allemaal nog eens 'academisch' te maken, maar als je het goed vindt, zou ik graag nog wat met die kwestie van het bidden willen stoeien.
Zoals ik al eerder gezegd heb: ik zie niet dat bidden ooit helpt. En dat niet alleen, ik zie ook niet hoe bidden ooit *kán* werken. Als God goed is en almachtig en zich om ons bekommert, dan wil Hij toch al steeds het beste voor ons? Dan zou Hij er toch al mee bezig zijn om voor ons te doen wat Hij maar kan? Waar vraag je dan nog om in je gebed? Om Hem nog meer te laten zorgen? Hij wordt toch geacht alles te doen wat Hij kan? Of ga je Hem vertellen over een of ander probleem, zodat Hij er iets aan kan gaan doen? Hij wordt verondersteld alles te weten. Dus je kunt Hem nergens over informeren, je kunt Hem er niet toe verleiden om iets te doen, en je kunt Hem niet machtigen om iets te doen. Dus wat ben je dan verdorie aan het doen als je bidt! Het hele gedoe lijkt me een complete tijdverspilling.
Ik ben benieuwd naar je antwoord. Ik wens je een prachtig kerstfeest. Doe mijn hartelijke groeten aan Shelley en de kinderen.

Veel liefs,

Pa

✍

28 december 1989

Lieve vader,

Bedankt voor uw brief. Ik hoop dat u en Jeanne een fijn kerstfeest hebben gehad. Wij hebben veel plezier gehad, maar ook veel stress! Met al die verschillende familieleden over de vloer hadden de kinderen eigenlijk vier kerstfeesten, allemaal met weer een stel andere cadeautjes, en dat op één dag! Maar 't is waar wat u in uw laatste brief schrijft: kinderen maken kerstfeest pas echt schitterend. Dat is al het werk (en het geld) wel waard.
Laten we overgaan naar uw vraag over het gebed. Het belangrijkste doel van praten met God (want dat is wat bidden eigenlijk is) heeft maar heel weinig te maken met het vragen om allerlei zaken, pa. Het doel is een liefdesrelatie vol geloof op te bouwen met onze Schepper en Verlosser. Wat voor relatie zou ik met Shelley hebben als onze

gesprekken alleen maar zouden bestaan uit verzoeken aan elkaar? Dat zou je nauwelijks een relatie kunnen noemen, vermoed ik. Zo is het ook met God. De voornaamste functie van bidden is gewoon het samen zijn met Iemand van Wie je houdt: om te praten met Hem, om naar Hem te luisteren, of alleen maar om je met Hem te 'onderhouden'.

Heel vaak als ik bid krijg ik gewoon een beeld van Jezus in gedachten en ik laat Hem tegen me zeggen, wat Hij aan me kwijt wil, dingen die ik moet horen. Ik laat Hem me herinneren aan de waarde en de lieflijkheid die ik in zijn ogen heb, om wat Hij voor mij heeft gedaan op Golgota. Ik laat Hem me een ervaring geven van zijn liefde en zo van mijn waarde. Ik laat Hem een begin maken met het opknappen van een paar van de negatieve bandjes die in de loop van mijn jeugd in mijn hoofd zijn gaan draaien. Ik laat Hem mijn geheugen genezen. Zo gaat het met alle groei in een christenleven – door genezing van binnenuit, door rusten in Gods liefde.

Het vragen van bepaalde dingen – wat wel 'smeekgebed' genoemd wordt – is maar een ondergeschikt aspect in het geheel van de relatie. Het is niet zo dat God onze smeekbeden nodig heeft om geïnformeerd te worden of ertoe verleid te worden om iets te doen. U heeft helemaal gelijk: Hij is al zo goed, zo zorgzaam, zo goed op de hoogte en zo sterk als Hij maar zijn kan. Maar omdat een liefdevolle relatie met Hem boven aan zijn agenda staat, maakt Hij het zó, dat zo'n liefdevolle relatie mogelijk gemaakt wordt. En daarom heeft Hij ingesteld dat sommige dingen alleen maar gedaan kunnen worden in de weg van gebed.

Misschien helpt het u om er op deze manier tegenaan te kijken. Omdat liefde Gods hoogste doel is, geeft Hij ons een zekere hoeveelheid beslissingsbevoegdheid in het universum. Wíj moeten die ruimte hebben, willen we zelfbeschikkende mensen kunnen zijn, en Híj moet zelfbeschikkende mensen hebben in zijn schepping als Hij wil dat liefde het doel is van de schepping. Daar hebben we het al eens over gehad. Dus wij mensen hebben aardig wat macht in het bepalen van de uitkomst van de dingen, om wat te zeggen te hebben in ons kleine hoekje van het universum.

Het smeekgebed is gewoon het geestelijke aspect van de 'macht tot beïnvloeding' die God ons geeft. Op dezelfde manier als God ingesteld heeft dat Hij niet alles zal doen wat Hij op het natuurlijke vlak zou willen – met het doel ons vrijheid te geven – zo stelt Hij ook in dat Hij niet altijd zal doen wat Hij op het geestelijke vlak zou willen. En Hij geeft ons deze geestelijke beslissingsbevoegdheid om dezelfde reden als waarom Hij die op het natuurlijke vlak geeft: om onze vrijheid mogelijk te maken, ons mens-zijn, en zo een echte, op liefde gebaseerde relatie met Hem.

Ik ben ervan overtuigd dat een authentieke relatie alleen maar daar kan

bestaan waar een persoonlijke interactie is tussen twee mensen, waar er sprake is van 'geven en nemen' tussen de *beide* partijen. Met andere woorden: elke authentieke relatie vereist, dat beide partijen tot op zekere hoogte iets over elkaar te zeggen hebben, een zekere vorm van *macht* dus. Dat is in onze verhouding met God net zo waar als in de verhouding tot andere mensen. God wil niet de enige zijn die de lakens uitdeelt. Een monopolie van één persoon – zelfs als die 'persoon' God zou zijn – verplettert altijd het 'persoon-zijn' van anderen. Daarom heeft God het zo gemaakt dat wij in zekere mate macht hebben in onze relatie met Hem. Hij maakt het zó, dat we echt invloed kunnen uitoefenen op de Schepper. Niet omdat Hij ons nodig heeft, maar omdat Hij wíl dat we dat kunnen. In mijn visie is het smeekgebed het voornaamste middel van deze invloed van mens tot God.
Ik denk dat dit uw vragen over hoe het gebed *zou kunnen* werken wel beantwoordt. Maar eerlijk gezegd gaat het niet in op uw tegenwerping dat bidden *in feite* helemáál niet werkt. Daarover wil ik nog het volgende zeggen.
In de eerste plaats, pa, is het denk ik praktisch onmogelijk om de effectiviteit van het gebed te 'testen' gegeven de gecompliceerdheid van de werkelijkheid. Ik weet van verschillende gepubliceerde experimenten die in ziekenhuizen gedaan zijn om de effectiviteit van gebeden te 'testen' waarvan de conclusie was, dat er een positief verband bestaat tussen gebed en genezing. Hoewel ik deze tests boeiend vind, twijfel ik er toch aan of iemand die niet in bidden gelooft, ze erg overtuigend zou vinden. Er zijn gewoon te veel variabelen. Er bestaat geen *verhoord* gebed dat niet óók aan toeval kan worden toegeschreven en er is geen *onverhoord* gebed dat niet kan worden wegverklaard.
Maar misschien is dit wel precies zoals het moet wezen. Als een smeekgebed afdoende zou kunnen worden 'geverifieerd', dan zou je van God een soort van kosmische automaat maken. Je gooit je vraag erin, trekt aan de hendel en hocus pocus, je wens is vervuld. Maar dan schiet je het hele doel van het gebed voorbij. Want het gebed is er juist voor bestemd om een geloofsrelatie met je Schepper mogelijk te maken. Er is dus geloof voor nodig om te bidden én om het antwoord op het gebed te zien.
In de tweede plaats zou ik nog eens willen herhalen dat het veel belangrijker is te weten dat God aan jouw kant staat, zelfs wanneer je gebed niet verhoord wordt, dan inzicht te hebben in hoe het nou zit met onverhoorde gebeden. Misschien moeten we het zó bekijken. Stel dat op het Normandische strand, op D-day, een huisje staat dat bewoond wordt door geallieerden uit Amerika. Sterker, laten we eens aannemen dat het gezin in dit onfortuinlijke strandhuisje bestaat uit de volgende personen: de zoon van de opperbevelhebber van de Amerikaanse invasie-

vloot, zijn schoondochter en zijn kleinkinderen. Daar zitten ze, gevangen in het spervuur van die vreselijke slag. Laten we zeggen dat ze radioverbinding hebben met die bevelhebber en dat ze via de radio verzoeken aan hem kunnen voorleggen tijdens de veldslag. Ze vertellen hem dat ze onder vuur liggen, zowel van de vijanden als van de Amerikanen en dat ze getroffen zijn. Ze vertellen hem dat ze gewond zijn en dat ze nieuwe voorraden nodig hebben, dat ze honger hebben, maar dat hun voedsel op is, enzovoort.

Nu geeft de bevelhebber bijzonder veel om zijn zoon en zijn gezin en het liefst zou hij op al hun verzoeken ingaan. Maar er moet op hetzelfde moment een veel groter gevecht geleverd worden; hij moet rekening houden met de levens van duizenden anderen. Een goede afloop van deze beslissende slag is van het allergrootste belang. Soms kan de bevelhebber op de verzoeken van zijn zoon ingaan, maar andere keren kan hij dat niet, gegeven de strategie van de vijand. En soms is wat ze vragen misschien wel helemaal niet in hun voordeel, gelet op de loop van de strijd.

Maar het onfortuinlijke gezin in het strandhuisje kan dat niet allemaal overzien. Ze weten alleen maar dat de bevelhebber aan hun kant staat, dat hun verzoeken worden gehoord en dat er rekening mee gehouden wordt en dat hun verzoeken soms gehonoreerd worden, maar soms ook niet. Maar omdat ze het strategisch overzicht missen, hebben ze geen flauw idee waarom dat zo is. Zij missen het overzicht over het geheel van de strijd. Hun perspectief is niet wijder dan de kleine ramen van hun huisje groot zijn.

Dit verhaal loopt, denk ik, parallel aan onze relatie met God in onze huidige gevallen staat. Er zijn ongetwijfeld miljarden variabelen die van moment tot moment een rol spelen in Gods bemoeienis met de wereld. Zo heb je Gods algemene plan voor de mensheid en de kosmos. Dan is er de noodzakelijke mate van vrijheid voor elk individu, zowel mens als engel, waarmee geworsteld moet worden. Verder heb je Gods plan voor ieder individueel. Voorts moet er rekening gehouden worden met zelfs het aantal vijandige en geallieerde krachten. Dan heb je de strategie van de strijd waarin Hij verwikkeld is. Je hebt ook te maken met de mate waarin Hij ons gebed gevolgen wil laten hebben voor de wereld. En zo kun je doorgaan. En wij weten hier minder dan niets van af! Wij zijn uiterst bijziend. Wij weten oneindig veel minder over de kosmische oorlog waar we in betrokken zijn, dan dat gezin in dat huisje over de strijd waar zij midden in zaten.

Werkelijk, we zijn maar van één ding zeker: onze Bevelhebber heeft ons lief. Hij wil het beste voor ons; Hij staat aan onze kant. Hij hoort ons smeken en wordt erdoor beïnvloed. En als het maar even mogelijk is het goede te bevorderen en de pijn te weren, dan doet Hij het. Maar

in een oorlog is dit gewoon niet altijd mogelijk – zelfs niet voor God – zolang Hij vasthoudt aan wat boven aan zijn agenda staat: liefde, en daarom vrijheid.
Waarom liet God ma niet in leven? Eerlijk, pa, afgezien van de algemene waarneming dat deze wereld onvoorstelbaar verziekt is vanwege die kosmische oorlog: ik heb geen idee. Op een dag kom ik er wel achter. 'Wij zien nu nog door een spiegel in raadselen', zegt de Bijbel. Toch geloof ik wel dat we genoeg kunnen zien om te weten dat er met onze gebeden rekening gehouden wordt en om te blijven geloven in de goedheid en de wijsheid van de Bevelhebber tot wie we spreken. En dat is, denk ik, veel belangrijker, dat geeft veel meer genezing dan exact het wat en hoe te kennen van waarom wij, en ma, zo moesten lijden.
Ik hoop dat dit een antwoord is op het onderwerp dat u aansneed. Ik zou u willen aanmoedigen, pa, om te beginnen met praten met God, al is het maar om lucht te geven aan uw woede en teleurstelling ten opzichte van Hem. De Bijbel staat vol met zulke gebeden. God wordt er niet door beledigd. Als Hij dat wel zou zijn, hadden die gebeden nooit een plaats gekregen in zijn geïnspireerde Woord! Dit soort klagende, boze bidden kon wel eens heel genezend zijn in uw leven. Nu u gelooft dat God een Persoon is, moet u ook geloven dat Hij op zijn minst hoort wat u zegt. Communiceren met Hem, waar dan ook over, is sowieso het begin van een relatie met Hem!
Ik hoop dat ik weer gauw wat van u hoor.

In liefde en in hoop,

Greg

Waarom zou God iets geven om kleine mensen zoals wij?

14 januari 1990

Beste Greg,

Het was fijn om je vorige week aan de telefoon te hebben. Nogmaals hartelijk bedankt voor de bemoedigende kaart en de bloemen voor Jeanne en mij. Ik hoop dat Alisha over haar griep heen is en dat de rest van jullie dat onmenselijke januariweer daar een beetje overleeft. Wanneer worden jullie nu eindelijk eens wijs, jongens, en verhuizen jullie ergens naar toe waar je niet de helft van het jaar zeventien lagen kleren over elkaar aan hoeft te doen?

Wel, zoals ik je over de telefoon al zei, je verhaal over bidden klonk me zinnig in de oren. Maar zoals ik al zei, ik zou denken dat het geen kwaad zou kunnen (ongeacht wat voor doel de Almachtige ook heeft met het gebed), als Hij ten minste zo af en toe eens liet merken dat Hij ons echt hoort en dat bidden een zeker positief effect op de dingen heeft. Ik waardeer het dat Hij geen 'kosmische automaat' wil zijn, maar ik denk dat Hij fout zit door het in tegenovergestelde richting te zoeken! Vertel Hem mijn bezwaar maar als je de volgende keer met Hem spreekt.

Ik heb hoe dan ook moeite met de gedachte op zich dat je met God kan praten, zolang de gedachte aan me knaagt dat wij niet centraal staan, of zelfs maar belangrijk zijn bij iets wat Hij doet. Ik geef toe dat de almachtige kracht achter de schepping persoonlijke kenmerken heeft, maar ik ben er nog niet van overtuigd dat dit voor ons iets te betekenen

heeft. Zijn 'agenda' zoals je dat noemt, lijkt op iets anders in het universum gericht te zijn. Het lijkt me dat wij maar een bijkomstigheid zijn in het grote geheel.
Je zegt heel wat over Gods lijden voor ons. Maar waarom zou God lijden op de manier zoals jij zegt dat Hij doet, voor schepselen die zo onbetekenend zijn als wij? Ik vermag nog wel in te zien dat de mensen dit vroeger in de Middeleeuwen geloofden. Toen dachten ze ook nog dat de aarde het centrum van alles was. Maar nu weten we dat de aarde maar een klein, onbetekenend planeetje is in een betrekkelijk klein zonnestelsel, in een betrekkelijk kleine melkweg, die zich nergens in het bijzonder bevindt in een ondenkbaar groot heelal. Dus wat betekenen wij nou helemaal? Zou het niet kunnen dat Hij wel een doel voor het heelal heeft, maar dat wij daar domweg geen deel van uitmaken? Is er íets dat doet vermoeden dat wij zó belangrijk zijn, of überhaupt belangrijk?
Ik heb nog heel wat meer op mijn lever, maar daar wacht ik wel mee tot later datum. Voor deze keer wil ik het hierbij laten.

Veel liefs,

Pa

✍

4 februari 1990

Lieve vader,

U zit nog steeds vast aan de gedachte dat mensen te klein zijn om in het grote geheel van de dingen belangrijk te kunnen zijn. Ik vermoed, pa, dat u gevangen zit in de vrij algemene veronderstelling dat klein gelijk is aan onbelangrijk. Heel vaak wordt aangenomen dat, omdat we zo klein zijn in de *fysieke* wereld, we ook niet belangrijk kunnen zijn in de *geestelijke* wereld.
Maar waarom zouden we dat aannemen? Vinden we olifanten belangrijker dan menselijke baby's omdat ze groter zijn? Is Jupiter belangrijker dan de aarde omdat hij honderd keer zo groot is? Wat heeft omvang daar nu mee te maken?
Als grootte er al toe doet, dan lijkt het me dat Gods persoonlijke eigenschappen juist vooral in onze kleinheid tot uiting komen. Net zoals we bewondering hebben voor een rijke koning, die om wille van de liefde

alles zou willen prijsgeven voor het boerenmeisje waar hij verliefd op is, zo lijkt Gods liefde voor ons des te groter juist omdat wij zo klein zijn. Het fundamentele verschil tussen de minnaar en de beminde maakt het radicale karakter van de liefde van de minnaar zichtbaar. In dat licht betoont Gods liefde zich 'oneindig radicaal'. Misschien is dat wel een van de redenen waarom Hij ons sowieso fysiek maar zo klein geschapen heeft.
Maar eigenlijk zou ik uw standpunt nog vanuit een andere hoek willen benaderen. Het valt me op dat er iets inconsequents in uw geloof zit: dat God wel persoonlijk is, maar niet persoonlijk in ons is geïnteresseerd. U stemt ermee in dat onze persoonlijke eigenschappen alleen maar verklaard kunnen worden als onze Schepper zelf persoonlijk is. Maar vervolgens veronderstelt u dan dat ons persoonlijk bestaan maar een 'bijkomstigheid' is op de agenda van de Schepper voor het geheel van de schepping. Maar heel de noodzaak om het bestaan van een persoonlijke Schepper te poneren om überhaupt de aanwezigheid van onze persoonlijke eigenschappen te verklaren, is nou juist afgeleid van het feit dat onze persoonlijke eigenschappen (onze morele overtuigingen, ons verstand, onze liefde, enz.) niet per ongeluk ontstaan kunnen zijn! Ziet u het probleem dat zich hier voordoet?
Laat ik dat duidelijk maken door een paar andere vragen te stellen. Vooronderstellen onze *onvolmaakte* persoonlijke eigenschappen niet het bestaan van een *volmaakt* persoonlijk wezen?
Zouden bijvoorbeeld onze onvolmaakte morele overtuigingen niet het bestaan vooronderstellen van een volmaakte morele norm? Hoe zouden we anders kunnen weten dat de onze onvolmaakt is? En zou ons onvolmaakte redeneren en kennen niet het bestaan van een volmaakte 'redeneerder' en 'kenner' vooronderstellen? Als de Schepper niet volmaakt moreel is en over volmaakte kennis beschikt, waaraan moet zijn onvolmaaktheid dan worden afgemeten? Ik zou willen betogen dat de Schepper, per definitie, de definitie is van wat volmaakt-zijn inhoudt. Want er kan per definitie niets boven Hem bestaan. (Dat noemen we het ethische en het ontologische godsbewijs. Ik ga daar nader op in in het boek waar ik aan werk en wat ik u ook toegezonden heb, *Trinity and Process*. Maar nu zal ik u de details besparen, want ik heb u destijds beloofd dat ik me zoveel mogelijk van filosofische termen zal onthouden.)
De essentie van dit alles is dit, pa: als wij, onvolmaakte wezens als we zijn, al zo moreel verontwaardigd zijn vanwege al het onrecht dat in onze wereld bestaat, moet de Schepper dan niet nog *oneindig veel meer* verontwaardigd zijn? Als wij al uit liefde en morele overtuiging ons gekwetst voelen om hen van wie wij weten dat zij in onze wereld leed verduren, zou de Schepper dan niet *oneindig veel meer* gekwetst zijn?

Als dat niet het geval zou zijn, zou Hij dan niet minder zedelijk, minder liefhebbend, minder wetend zijn dan wij? In dat geval zou het effect (wij), groter zijn dan de oorzaak (God), en dat is uitgesloten.
De enorme omvang van de kosmos en onze kleinheid daarbij vergeleken zouden voor God alleen maar een probleem voor zijn liefde en zorg betekenen als Hij er zelf een product van zou zijn (een effect). Maar Hij is de kracht achter alles! Zijn liefde en zijn zorg zijn volmaakt, dus onuitputtelijk. En daarom is er, wat Hij verder ook te doen moge hebben in het heelal (en wat mij betreft kon dat wel eens een heleboel zijn) meer dan genoeg over voor ons 'kleine' mensjes.
Kortom: ik vind het onmogelijk om te veronderstellen dat de grond van onze persoonlijke eigenschappen (God) niet persoonlijk voor ons zou zorgen.
De gevolgen hiervan voor het begrijpen van onszelf zijn volgens mij onvoorstelbaar. Het betekent, pa, dat God *u* kent – volmaakt (beter dan u uzelf kent). Het betekent dat God *u* liefheeft – volmaakt (meer dan u van uzelf houdt). En het betekent dat God zich bekommert om *uw* lijden en om uw morele overtuigingen – volmaakt (meer dan u er zelf om geeft).

Het betekent ook dat het zinnig is om eens te gaan uitzoeken wat voor een relatie onze Schepper eigenlijk met ons wil. Wat heeft Hij voor doel met ons leven? Wat wil Hij met ons? Wat kunnen we over Hem weten? Heeft Hij Zich op enig moment aan ons geopenbaard? Deze vragen komen vanzelfsprekend op als we eenmaal beseffen dat God al persoonlijk betrokken is bij ons leven.
Dit brengt me tot het laatste punt dat ik aan de orde wil stellen. Ik zou willen stellen, pa, dat de geschiedenis laat zien dat wáár is, wat volgens de rede waar *moet* zijn. Ik zou willen wijzen op Gods liefde en zorg voor ons, en dat niet alleen door aan te tonen dat de rede daarom vraagt, maar omdat de geschiedenis het laat zien. Het antwoord op de hierboven gestelde vragen – bijvoorbeeld: waar kunnen we meer te weten komen over God? – wordt gevonden in de geschiedenis, in de persoon van Jezus Christus, en wordt gevonden op een manier die alles bevestigt wat we tot dusver door ons verstand al van God wisten.
Als God de enige volmaakte, liefhebbende en zorgzame is, dan mogen we veronderstellen dat Hij *al* het mogelijke zal doen om het best mogelijke teweeg te brengen voor zijn schepselen. Mínder dan dat zou noodzakelijkerwijs ook betekenen: minder volmaakt. En Christus openbaart dat dit het nu precies is, wat God gedaan heeft! God zelf werd mens, één van ons, en stierf een helse dood aan het kruis op Golgota om al het kwaad goed te maken dat zijn persoonlijke schepselen, de mensen, zichzelf hadden aangedaan. Hij heeft al het mogelijke gedaan, en Hij

doet dat nog steeds om ons mensen eeuwig bij Zich te hebben. ('mogelijke' zodanig gedefinieerd, dat de beperkingen worden bepaald door de grenzen die zijn 'algemene agenda' eist.)
Dit klopt niet alleen maar met ons verstand, er zijn ook enorm veel historische bewijzen die deze gedachte ondersteunen. Verstand en geschiedenis komen tot dezelfde conclusie: Jezus Christus is Here.
Laat me even weten of u mijn redenering in deze brief hebt kunnen volgen. Zelf denk ik dat het een behoorlijk klemmend betoog geworden is (al zeg ik het zelf), maar ik denk ook dat het hier en daar misschien lastig te volgen is. En ik wil zó graag dat u het begrijpt!
Ik hoop gauw van u te horen. Laat me u nog eens zeggen hoe heerlijk ik het vind met u te schrijven. Als u zich uiteindelijk bekeert (ben ík even vol vertrouwen!), zouden we best een boek kunnen maken van onze briefwisseling! Uw vragen zijn precies de vragen die gesteld en besproken moeten worden, door gelovigen net zo goed als door ongelovigen.

In liefde, in hoop en met de beste wensen,

Greg

DEEL 2

VRAGEN OVER JEZUS CHRISTUS

Dertiende briefwisseling

Waarom zou je het verslag van het evangelie vertrouwen?

24 februari 1990

Beste Greg,

Je betoog over Gods volmaaktheid is erg boeiend. Ik heb erover nagedacht en in zekere zin lijkt het me overtuigend, maar toch kom ik terug op deze vraag: is het echt een gebrek van God als mensen gewoon te onbetekenend zijn om je druk over te maken? Niemand zal toch zeggen dat ik minder waard ben omdat ik op een mier getrapt heb, wel? Mieren kómen daar gewoon niet op, hoewel ze ongetwijfeld belangrijk zijn in hun eigen ogen. Zo lijkt het me ook dat mensen in het geheel der dingen voor God minder zijn dan mieren voor ons. De reden is niet dat er aan Hem wat mankeert, maar gewoon dat wij weinig voorstellen.

Maar ik heb een belangrijker probleem met jouw laatste brief, vooral met het laatste gedeelte. Dat raakt pas echt de kern van veel van mijn problemen met het christelijk geloof. Christenen, met name die 'wedergeboren' types, lopen altijd de Bijbel te citeren om hun geloof te steunen. Ze stellen hun meningen als absolute waarheden voor en rechtvaardigen dat met 'want de Bijbel vertelt me dat'. Dan kan ik alleen maar zeggen: op wiens gezag is aan de Bijbel deze verheven positie geschonken?

En dan zeg jij dat de 'geschiedenis' bewijst dat God van ons houdt, maar vervolgens citeer je de Bijbel! Ik neem je dat niet kwalijk, want dat is de enige plaats waar je ooit iets over Jezus te weten kunt komen. Maar voor mij betekent dat helemaal niets, want ik aanvaard de Bijbel helemaal niet! Ik zie geen enkele goede reden om de blinde geloofssprong te maken van het rücksichtslos aanvaarden van de betrouwbaarheid van de evangeliën waar jouw hele geloof op gebaseerd is.

Dus zelfs als ik overtuigd zou zijn dat God om ons mieren geeft, dan zit er nog een heel stuk tussen dát en geloven dat Hij er een *werd* – en de rest van heel die christelijke handel.
Genoeg voor deze keer.

Veel liefs,

Pa

✍

8 maart 1990

Lieve vader,

Laat ik eerst ingaan op uw vergelijking met mieren, dan zal ik me daarna bezig houden met uw bezwaar tegen het citeren van de bijbel.
U stelt dat net zoals een mens niet minder mens is omdat hij niets om mieren geeft, God ook niet minder God is omdat Hij niets om mensen geeft. Ik vind het een spitse vergelijking, maar toch gaat ze mank.
Mensen mogen dan niet in staat zijn iets te geven om insecten, maar dat wijst er alleen maar eens te meer op dat wij onvolmaakt zijn. Als we *volmaakt* zouden liefhebben, zorgen, voelen, kennen, enz., dan zouden we ons *wel* druk maken om insecten – en al het andere in onze wereld – en zo het beste voor hen zoeken en hen zo weinig mogelijk laten lijden. Dan zouden we meevoelen, niet alleen met alle andere mensen, maar ook met al de andere dingen.
Misschien klinkt het wat afgezaagd, maar laten we beginnen met wat voor de hand ligt en vandaar toewerken naar wat minder duidelijk is. De onvolmaaktheid van onze liefde blijkt bij de meeste mensen duidelijk in het feit dat ze niet erg betrokken kunnen of willen zijn bij, laten we zeggen, het lijden van mensen die we nooit gezien hebben. Verder blijkt het in het onvermogen van sommige mensen om zich druk te maken over het welzijn van 'hogere dieren' – honden, katten, apen. En het wordt zelfs zichtbaar in het onvermogen van veel mensen om zich druk te maken over de benarde situatie van 'lagere dieren' (bijv. degenen die uit winstbejag diersoorten uitroeien door het vernietigen van bossen, het verontreinigen van water, enz.). Waar kun je dus de grens trekken waarachter het je niet druk maken niet meer gezien wordt als onvolkomenheid? Ik denk dat dat niet kan.
Daaruit volgt, dat als God ons behandelde zoals wij mieren behande-

len, Hij geen volmaakt wezen zou zijn. Maar om veel redenen die ik u al verteld heb, denk ik dat het als een paal boven water staat dat Gods bestaan de norm is voor volmaakte liefde, kennis en morele overtuiging. Ik concludeer dus dat Hij wel om ons geeft (en om mieren).

Nu wat betreft uw fundamentelere tegenwerping dat ik uitga van het gezag van de Bijbel om te bewijzen dat wat de Bijbel over Jezus zegt, waar is. Kijk eens, pa, als ik zeg dat 'de geschiedenis' laat zien wat volgens de rede, het verstand, waar *moet* zijn, dan bedoel ik ook echt *geschiedenis*. Misschien komt het door uw eerdere ontmoetingen met van die 'wedergeboren types' dat u aannam dat ik me op de Bijbel beriep als 'Gods Woord' toen ik naar Jezus als Here verwees, maar dat is niet het geval. Het is waar dat bijna al onze kennis over Jezus uit de evangeliën komt, maar dat betekent nog niet dat ik door naar de evangeliën te verwijzen, daarnaar verwijs *als Gods Woord*. Dat doe ik niet. Ik verwijs er alleen maar naar als historische documenten.

Laat me even ingaan op het verschil tussen het lezen van een geschrift als 'Gods Woord' en als 'geschiedenis'. Wanneer de gemiddelde mormoon het *Boek van Mormon* leest, dan leest hij dat als Gods Woord. Hij aanvaardt op grond van zijn geloof dat wat er in het boek staat, waar is. Maar wanneer ik het *Boek van Mormon* lees, dan lees ik het als geschiedenis. Ik ben geen mormoon. Ik gebruik het boek alleen maar als historische bron. Ik pas op dit werk dezelfde historische criteria toe als iedere andere historicus zou doen bij het schatten van de historische waarde die een bepaald document mogelijk heeft. Ik neem helemaal niet op voorhand aan dat het betrouwbaar is. Ik schenk een geschrift ongeveer zoveel vertrouwen als gerechtvaardigd lijkt door de mate waarin het beantwoordt aan historische criteria. (Zo bekeken komt het *Boek van Mormon* er overigens niet zo best af.)

Zo is het ook met de evangeliën, pa. Ik vraag niet van u dat u ze 'in blind vertrouwen' aanvaardt als Gods Woord. Vergeet dat maar even helemaal. Ik zeg alleen maar: kijk ernaar zoals u dat zou doen naar *elk* oud document. Pas er dezelfde criteria op toe die historici toepassen op andere oude geschriften als ze de geschiedenis onderzoeken. Ik beweer dat als de evangeliën op dezelfde kritisch-historische wijze behandeld worden, ze er erg goed afkomen en dat je erop kunt vertrouwen dat zij ons behoorlijk wat over de persoon van Jezus Christus vertellen. In elk geval genoeg om te weten dat God in Hem tegenwoordig was en op een zeer betekenisvolle manier door Hem werkte.

Wat zijn nu de criteria die historici toepassen op oude documenten om hun historische waarde vast te stellen? Ik ben geen deskundige op dat gebied en het veld is hoe dan ook veel te uitgestrekt om erg diep op in te gaan in onze discussie. Maar de meeste van deze criteria zijn in feite gewoon gezond verstand, toegepast op historische documenten. Ze kunnen in twee groepen verdeeld worden: interne en externe criteria. 'Interne' criteria zijn die welke *binnen* het document in kwestie gelden. 'Externe' criteria zijn dan vanzelfsprekend die welke van *buitenaf* worden toegepast. U zult het verschil wel merken als ik verder ga. Deze criteria kunnen het beste uitgedrukt worden met behulp van een serie vragen die historici gewoonlijk stellen aan oude geschriften. Een paar van de meest belangrijke, in beide categorieën, volgen hier (met bij elk een korte uitleg van het waarom).

Interne criteria

1. Was de auteur in zo'n positie dat hij wist waar hij over schreef? Beweert de tekst een ooggetuigeverslag te zijn, of gebaseerd te zijn op zo'n verslag? Of is het een verslag van-horen-zeggen?
   Als het document er zelfs geen aanspraak op maakt dat het een ooggetuigeverslag is, of daarop gebaseerd is, of tenminste geschreven is vanuit het perspectief van een ooggetuige, dan is zijn waarde waarschijnlijk minder dan wanneer het daar wel aanspraak op maakt. Maar zo'n aanspraak bewijst op zichzelf natuurlijk niet afdoende dat het op waarheid berust (zie bij Externe criteria).
2. Bevat het document in kwestie specifiek materiaal, waaronder met name informatie die van geen enkel belang is?
   Eerstehands bronnen bevatten gewoonlijk opvallend veel materiaal, met name details die weinig met de kern van het verhaal te maken hebben, terwijl verzonnen verhalen zich kenmerken door een neiging tot generalisatie.
3. Bevat het document materiaal dat ongunstig is voor het document zelf?
   Als een document materiaal bevat dat een negatief beeld geeft van de auteur, van de 'helden' van het verhaal, of dat met name negatief lijkt voor de betrouwbaarheid van het verhaal, dan is dat gewoonlijk een goede indicatie dat het centrale motief van de auteur het beschrijven van de waarheid is.
4. Is het document redelijk consistent?
   De waarheid kent meestal een innerlijke samenhang die verzonnen verhalen doorgaans missen, ook al bevatten verschillende beschrijvingen van één bepaalde gebeurtenis gewoonlijk enkele onbelangrijke tegenstrijdigheden.
5. Is er klaarblijkelijk sprake van legendevorming in het document?
   Verhalen van vissers hebben de neiging steeds groter te worden

in de loop van de tijd. Als er bepaalde zaken in een document aanwezig zijn die 'bovenproportioneel' zijn, dan suggereert dat een latere tijd van schrijven en neemt de historische betrouwbaarheid van het document evenredig af.

Externe criteria:

1. Zouden de auteurs van het document een motief hebben gehad om wat ze schreven te verzinnen?
   De betrouwbaarheid van het document wordt uiteraard verminderd als kan worden vastgesteld dat de auteur een motief had om een verslag te verzinnen. Omgekeerd neemt de betrouwbaarheid van het document toe als de auteur met het schrijven van het verslag niets te winnen, en misschien zelfs wel iets te verliezen had.
2. Bestaan er ook andere bronnen die de inhoud van het document bevestigen en/of de authenticiteit van het document met bewijzen staven?
   Als de inhoud van een document ook maar enigszins bevestigd wordt door bronnen buiten het document zelf, dan verhoogt dit de geloofwaardigheid van het document (maar dan moeten op deze externe bronnen wel dezelfde criteria toegepast worden). En als het auteurschap van een document in zekere mate bevestigd kan worden door externe bronnen, dan verhoogt ook dat de geloofwaardigheid van het document.
3. Ondersteunt de archeologie het materiaal van het document of juist niet?
   Als archeologische vondsten de inhoud van het document enigermate met bewijzen kunnen staven, dan neemt daardoor de betrouwbaarheid toe. Omgekeerd geldt dat als er spanning bestaat tussen archeologische vondsten en het document, zijn geloofwaardigheid schade lijdt.
4. Zouden 'tijdgenoten' van het document de inhoud van het document vervalst kunnen hebben en hadden ze een motief om dat te doen?
   Als er personen geweest zijn die hadden kunnen onthullen dat de inhoud van het document verzonnen is (en daar ook een motief voor hadden), maar dat desondanks hebben nagelaten – voor zover we uit de geschiedenis weten – dan verhoogt dat de betrouwbaarheid van het document.

De vraag is nu, pa: hoe houden de evangeliën zich als ze tegen het licht van deze criteria gehouden worden? Ik stel dat ze er buitengewoon goed van afkomen. Ik weet dat het allicht een beetje saai is, maar probeer me toch eens te volgen als ik ze kort allemaal langsloop, want dit is echt belangrijk.

Bij intern criterium 1:
Lucas, zelf geen ooggetuige, vertelt ons dat hij ooggetuigen als bronnen gebruikt en dat hij zo een ordelijk en betrouwbaar verhaal wil maken van de dingen die hij optekent (Lucas 1:1-4). Johannes deelt ons mee dat hij een ooggetuige is en de overige twee evangeliën, Matteüs en Marcus, zijn beide geschreven vanuit het perspectief van een ooggetuige, hoewel zij daar niet expliciet aanspraak op maken. Ze gaan daar gewoon van uit. Andere bronnen uit het begin van de tweede eeuw bevestigen dat de auteurs van de evangeliën Matteüs, Marcus, Lucas en Johannes zijn. (Dit hoort ook bij extern criterium 2).

Bij intern criterium 2:
De evangeliën zitten vol met het soort onbelangrijke details die typerend zijn voor ooggetuigenverslagen. Laat me u daar één voorbeeld van geven. (Dit voorbeeld is des te interessanter omdat het gaat over de opstanding.) Lees Johannes 20:1-8 eens heel precies. Ik heb de onbelangrijke details die daarin voorkomen gemarkeerd.

> En op de eerste dag der week ging Maria van Magdala *(een beschuldigend detail, zie de volgende criteria)* vroeg *(wanneer? doet dat ertoe?)*, terwijl het nog donker was *(wie kan dat wat schelen?)*, naar het graf en zij zag de steen van het graf weggenomen. IJlings kwam zij dan bij Simon Petrus en bij de andere discipel, dien Jezus liefhad *(Johannes' bescheiden manier om naar zichzelf te verwijzen – een ander kenmerk van oorspronkelijkheid)*, en zeide tot hen: Zij hebben de Here weggenomen uit het graf en wij weten niet, waar zij Hem hebben neergelegd *(op te merken valt hier haar gebrek aan geloof)*. Petrus dan ging op weg en ook de andere discipel en zij begaven zich naar het graf; en die twee liepen samen snel voort; en de andere discipel liep vooruit, sneller dan Petrus, en kwam het eerst aan het graf *(opnieuw de bescheidenheid van Johannes, maar wie bekommert er zich nu om zo'n onbelangrijk detail?)* en zich voorover-buigende *(de ingang van de graftombe was laag – een detail dat historisch correct is voor de tombes van rijke mensen uit die tijd – het soort waarvan we weten dat Jezus daarin gelegd was)*, zag hij de linnen windsels liggen; hij ging echter niet naar binnen *(waarom niet? onbelangrijk detail)*. Simon Petrus dan kwam

> ook, hem volgende *(weer een herhaling van bescheidenheid)*, en hij ging het graf binnen *(Petrus' vrijpostigheid blijkt uit alle evangelieverhalen)* en zag de windsels liggen, maar de zweetdoek, die op zijn hoofd geweest was, zag hij niet bij de windsels liggen *(een onbelangrijk en onverwacht detail – wat droeg Jezus?)*, doch opgerold, terzijde op een andere plaats *(kan er iets nóg onbelangrijker en ongebruikelijker zijn dan dit, pa? Jezus vouwde een deel van zijn windsels op voor Hij vertrok!)*. Toen ging ook de andere discipel, die het eerst aan het graf gekomen was, naar binnen *(wie maakt zich nu druk om de precieze volgorde waarin ze naar binnen gingen?)*.

Ik hoop dat u snapt wat ik bedoel. Er is absoluut geen reden om dit soort oninteressante details te vermelden. Het voegt niets toe aan de verhaallijn, behalve dat het gewoon een onderdeel is van wat er gebeurde. Daarom zet de auteur het ertussen als hij zich de gebeurtenis in het geheugen roept. De evangeliën zitten *vol* met dit soort voorbeelden.

Bij intern criterium 3:
De evangeliën staan ook vol materiaal dat ongunstig is voor die evangeliën zelf. In het opstandingsverslag bijvoorbeeld, dat u net gelezen hebt, wordt gezegd dat een vrouw de eerste was die ontdekte dat het graf leeg was. Maar dat feit is alleen maar schadelijk voor het getuigenis van de vroege christenen, aangezien vrouwen in de Joodse cultuur van de eerste eeuw beschouwd worden als ongeneeslijke kletskousen. Ze mochten zelfs voor de rechtbank niet getuigen (reden voor Paulus om in 1 Korintiërs 15 geen vrouwen op te nemen in zijn lijst van personen die de verrezen Christus hebben gezien). Bovendien worden de discipelen consequent in negatief licht beschreven. Zelfs bepaalde aspecten van het leven van Jezus worden meegenomen in het verhaal, die verzwegen zouden zijn als het verhaal verzonnen was om de mensen van zijn messiasschap te overtuigen. Aan het kruis riep Jezus bij voorbeeld uit: „Mijn God, mijn God, waarom hebt U Mij verlaten?" Dat is nu niet bepaald wat je van de Messias zou verwachten, zeker niet als de Messias geacht wordt goddelijk te zijn. Die uitspraak is moeilijk te geloven, maar dat bewijst juistheid van de stelling. Het enige motief dat iemand kan hebben om dit een plaats te geven in zijn verslag is dat Jezus het werkelijk zo gezegd heeft!

Bij intern criterium 4:
De evangeliën bieden een samenhangend beeld van wie Jezus was en wat Hij deed en ook van de gebeurtenissen die zijn leven omgeven. Als de verslagen afzonderlijk waren verzonnen, waar komt die onderlinge

samenhang dan vandaan? Maar er zijn ook opvallende verschillen in de verslagen, die het verschil in perspectief van elk duidelijk laten zien. Als ze alle gezamenlijk waren verzonnen, zou de samenhang veel groter zijn dan ze nu is.

Bij intern criterium 5:
C.S. Lewis was hoogleraar in Oxford en een expert op het gebied van antieke mythologie. Hij heeft eens gezegd: „Ik ben er als literair-historicus volkomen van overtuigd, dat wát de evangeliën verder ook mogen zijn, ze in geen geval legendes zijn. Ik heb heel veel legendes gelezen en ik ben er zeker van dat het niet om dezelfde soort dingen gaat"[2]. De evangeliën bevatten wel bovennatuurlijke zaken, maar de verslagen die we in de evangeliën aantreffen, hebben geen enkele van de kenmerken van de antieke mythologie. Ze zijn juist erg sober.

Laten we nu eens naar de externe criteria kijken.

Bij extern criterium 1:
Wat voor motief zouden de eerste discipelen mogelijk hebben gehad om verhalen over Jezus te verzinnen? Ze beweren dat ze in Jezus geloven vanwege zijn wonderen en zijn opstanding met daar aan gekoppeld het soort leven dat Hij leefde en het onderwijs dat Hij gaf. Ze wonnen daar absoluut niets mee; ze werden daardoor juist verschrikkelijk vervolgd. Waarom zouden ze liegen? Is er iets in hun karakter dat ons ertoe brengt te denken dat zij het soort mensen zijn dat anderen opzettelijk misleidt? Voor zover ik weet is er geen geleerde die twijfelt aan de oprechtheid van de discipelen.

Bij extern criterium 2:
Zoals ik al eerder zei, wordt het auteurschap van deze evangeliën bevestigd door talrijke bronnen uit de tweede eeuw en die konden het toen dan ook nog eens beter weten dan wie dan ook vandaag. We kunnen ook dingen te weten komen over Jezus en de eerste discipelen – zaken die heel goed passen in de evangeliën – uit andere oude seculiere bronnen, zoals Tacitus (ca. 55-120), Suetonius (begin tweede eeuw), Josephus (ca. 37-97), Thallus (midden eerste eeuw), Plinius (begin tweede eeuw), en ook oude Joodse geschriften tegen de christenen (de Talmud).

Bij extern criterium 3:
Hoewel er altijd archeologen zijn geweest die beweren dat hun bevindingen op gespannen voet staan met enig aspect van het bijbelse ver-

2. C.S. Lewis, *God in the Dock* (Grand Rapids: Eerdmans Publishing Company, 1970), p. 158

slag, moesten de conclusies omtrent deze vondsten steeds weer ten gunste van het bijbelse verslag worden bijgesteld. Om daar één voorbeeld van te geven: sommigen plachten van oordeel te zijn dat Lucas zijn verslag van de geboorte van Jezus verzonnen had. Hij beweert namelijk dat er een heel het keizerrijk omvattende volkstelling werd gehouden tijdens de regering van Caesar Augustus, toen Quirinius gouverneur van Syrië was. Maria en Jozef moesten naar Betlehem gaan om zich te laten inschrijven, omdat Jozef daar geboren was. In die tijd werd Jezus geboren. Maar uit andere oude bronnen (bijv. Josephus) weten we, dat Quirinius gouverneur was vanaf het jaar 6 voor Christus en er is nergens een aanwijzing voor zo'n telling te vinden. En dus, zo werd aangenomen, moet Lucas een vergissing hebben gemaakt. We weten nu echter dat tellingen zoals Lucas die vermeldt regelmatig voorkomen, en dat de regering van Quirinius in 6 voor Christus zijn *tweede* regeerperiode is. Mij is geen enkele doorslaggevende archeologische vondst bekend die de bijbelse weergave van de feiten onweerlegbaar aantast. Ik ken wel vele doorslaggevende archeologische vondsten die het bijbelse verhaal met bewijzen staven – vaak nadat het bijbelse verslag beschuldigd is van fouten op grond van een eerder verkeerd geïnterpreteerde vondst.

Bij extern criterium 4:
Ten slotte, het christendom is in een zeer vijandige omgeving ontstaan. Er zijn tijdgenoten geweest die het beeld dat de evangeliën van Jezus geven, stellig zouden hebben weerlegd als ze de kans hadden gehad. De leiders van het judaïsme in de eerste eeuw waren geneigd het christendom als een verderfelijke sekte te zien en hadden het met plezier uitgeroeid zien worden. En dat zou gemakkelijk gekund hebben als die 'sekte' gebaseerd was geweest op verzonnen verhalen. Joh, alleen al het aan het licht brengen van het gedode lichaam van Jezus zou voldoende geweest zijn om het christendom eens en voor altijd uit te roeien.
Ondanks dit alles is het christendom toch explosief gegroeid. De discipelen predikten het evangelie aan mensen die zelf ooggetuige waren geweest van de dingen die Jezus volgens hen gezegd en gedaan had. Hoe zouden ze dat hebben kunnen verzinnen? En zelfs degenen die tegenstanders van het christelijk geloof bleven, ontkenden niet dat Jezus wonderen deed, en ze ontkenden ook niet dat zijn graf leeg was. De *feiten* achter het evangelie staan niet ter discussie. Waar wel over gediscussieerd wordt, is de vraag hoe de feiten zijn vastgesteld. De tegenstanders stellen dat Jezus deed wat Hij deed, óf door bedriegerij, óf door de macht van satan, en dat de discipelen zijn lichaam hadden gestolen (kijk nog maar even bij 'Bij extern criterium 1').

Alles bij elkaar genomen, pa, denk ik dat we heel goede gronden hebben om de evangeliën als over het algemeen betrouwbare geschriften te behandelen. Het zijn over het algemeen goede historische bronnen voor ons. En dat heeft er niets mee te maken dat ze 'geïnspireerd' zijn, of het 'Woord van God'; het is gewoon geschiedenis.

Tegenover deze geschiedenis moet iedereen een keuze maken. Je kunt Jezus óf beschouwen als een demonische charlatan, die op listige wijze mensen tot geloof verleidt (en daar voor gekruisigd wordt), óf je kunt Hem beschouwen als de Here die Hij volgens Hemzelf en zijn volgelingen was. En ik beweer dat alleen die laatste conclusie op bewijzen gegrond is.

Wel, mijn excuus voor het feit dat dit zo'n lange brief geworden is, maar deze kwesties móésten een keer goed aan de orde komen. Pieker er maar eens een poosje over en laat me maar weten wat u ervan vindt. Oké?

In oprechte liefde en hoop,

Greg

Veertiende briefwisseling

Zitten de evangeliën niet vol tegenstrijdigheden?

14 april 1990

Beste Greg,

Sorry dat het zo'n poos geduurd heeft om je terug te schrijven, maar je laatste brief kostte nogal wat tijd om te verwerken. Hoe gaat het met jou en je gezin op het ogenblik? Ben je van plan om weer van die idiote supermarathons van je te doen? Hoe gaat het met de meiden op gymnastiek, hardlopen, koor en de zeshonderd andere dingen die ze doen?
Wel, je laatste brief vond ik behoorlijk moeilijk. Zoals je vermoedde, ging ik er gewoon van uit dat je aannam dat wat de Bijbel zei, waar was, om dan vervolgens op die basis met mij in discussie te gaan. Maar jij kwam toen met heel die 'criteria-handel' aanzetten. Maar zo horen wedergeboren types helemaal niet met de Bijbel om te gaan!
Ik heb je brief een paar keer gelezen en ik heb er heel wat over nagedacht. Hier heb je een paar van mijn overdenkingen.
In de eerste plaats zie ik niet in hoe iemand zijn geloof kan baseren op hoe goed een bepaald document in overeenstemming is met historische criteria, omdat die allemaal op gissingen berusten en er niets zeker is. Is je geloof dan niet iets waar je zeker van bent? De meeste christenen die ik ooit ontmoet heb, zijn er zo zeker van dat ze gelijk hebben – in alles – dat het maar weinig zin heeft om met hen waar dan ook over in discussie te gaan.
In de tweede plaats heb je een goed 'verkooppraatje' gehouden over de evangeliën, maar omdat ik zelf verkoper geweest ben, geloof ik niet dat dit het hele verhaal is. Nou ben ik natuurlijk geen bijbelgeleerde, maar ik heb wel gelezen dat veel bijbelgeleerden die geen fundamentalist

zijn, vinden dat de evangeliën niet veel historische waarde bezitten. Ik heb in *Time* gelezen dat er een comité van nieuwtestamentische geleerden bestaat, dat elk jaar bijeenkomt om erover te stemmen of de uitspraken die in de evangeliën aan Jezus toegeschreven worden, wel werkelijk van *Hem* zijn! Wij weten niet eens wat Hij in werkelijkheid leerde, maar jij probeert me wijs te maken dat ik deze geschriften moet vertrouwen als ze mij vertellen dat Hij hier op aarde de Almachtige is!
Zo heb ik ook hier of daar gelezen dat een heleboel geleerden geloven dat de evangeliën en het grootste deel van de rest van de Bijbel in elkaar geflanst zijn uit oudere bronnen. Gaat dat niet in tegen elke theorie die beweert dat de hele Bijbel 'goddelijk geïnspireerd' is? Er wordt ook beweerd dat de evangeliën vol tegenstrijdigheden zitten, dat de volgorde van de gebeurtenissen bij alle vier heel verschillend gerangschikt is, dat de leringen van Jezus steeds in een heel verschillende context staat, enzovoorts. Voor mij ondermijnt dat hun historische betrouwbaarheid nogal.
Ten slotte: zelfs als de evangeliën op bepaalde punten nauwkeurig kloppen – ze hebben je historische tests goed doorstaan – dan betekent dat nog niet dat ze helemaal nauwkeurig zijn. Als zij in elkaar geflanst zijn met behulp van eerdere bronnen, zoals de vrijzinnige theologen beweren, dan kan het zijn dat sommige van deze vroege bronnen hier en daar nauwkeurig zijn, maar dan zijn ze wel vermengd met allerlei sterke verhalen en legendes over de man over wie ze het hebben. 'Visverhalen' plegen hoe langer hoe mooier te worden, maar er zit wel altijd een kern van waarheid in.
Dus de hele onderneming om te bewijzen dat de evangeliën waar zijn, is mij te twijfelachtig. Ik steek er mijn hand niet voor in het vuur.
Veel liefs voor Shelley en de kinderen. Ik hoop weer gauw iets van je te horen.

Liefs,

Pa

26 april 1990

Lieve vader,

Fijn om weer wat van u te horen. Met ons allemaal gaat het goed. De meisjes hebben het erg druk met gymnastiek en ze beginnen er behoorlijk goed in te worden, al zeg ik het zelf. De laatste tijd hebben ze niet veel belangstelling voor hardlopen, dus ga ik meestal alleen naar de wedstrijden. Ik heb niet veel tijd gehad om te trainen, maar als ik mijn hardloopafstanden nog wat op kan schroeven, zou ik dit jaar graag aan het wereldkampioenschap op de honderd kilometer meedoen. Voor het eerst in de geschiedenis wordt dat in de Verenigde Staten gehouden en dat zal uitgerekend hier in Minnesota zijn! Het is een prachtkans die ik niet graag zou willen missen.

We gaan maar eens naar uw brief. Ik hoop dat u er een kopie van heeft, want ik wil uw punten graag stuk voor stuk even langslopen.
In de eerste plaats vroeg u naar de relatie tussen mijn geloof en die hele discussie over de geloofwaardigheid van de evangeliën. Mijn geloof hangt niet af van de aantoonbare geloofwaardigheid van ieder detail van deze documenten, maar wel van hun geloofwaardigheid *in het algemeen*. De Jezus met wie ik een persoonlijke relatie heb, kan onmogelijk een heel andere Jezus zijn dan de Jezus van de geschiedenis zoals deze documenten Hem tonen. Anders is ‘mijn Jezus’ niet de Jezus die ik denk dat Hij is. De zekerheid die ik heb omtrent de waarheid van mijn geloof is dus verbonden *zowel* met de *ervaring* die ik heb met Christus in mijn verering van Hem, *als ook* met mijn *onderzoek* naar de evangelieverhalen, dat – volgens mij tenminste – heeft aangetoond dat ze op zijn minst in grote lijnen betrouwbaar zijn. Geloof is een liefdevolle relatie van vertrouwen met Christus, een verbondenheid die ver uitstijgt boven een theoretische taxatie van oude documenten. Maar dat staat niet los van deze historische taxatie. Het lijkt veel op onze relatie met anderen. Uw relatie met Jeanne bij voorbeeld, is veel meer dan de feitelijke informatie die u over haar hebt, maar het zou u knap moeilijk vallen om überhaupt een relatie met haar te hebben zonder die informatie.
In de tweede plaats had u vragen over de totstandkoming en de innerlijke samenhang van de evangeliën. En ook of we al dan niet zeker kunnen weten wat Jezus heeft gezegd. Het is waar dat de meeste geleerden geloven dat er voor de evangeliën van mondelinge en schriftelijke bronnen gebruik is gemaakt bij de samenstelling van hun verslag. Dat accepteer ik volledig. Het bewijs hiervoor is onweerlegbaar. Maar ik zie hier niets kritisch of ‘vrijzinnigs’ in. Lucas zelf vertelt per slot van rekening dat hij gebruik maakt van de bronnen die voor hem beschikbaar waren (Lucas 1:1-4). Ik zie ook niet in hoe dit de geloofwaardigheid van de auteurs ook maar in het minst aantast. Sterker, het verhoogt naar mijn mening hun geloofwaardigheid alleen maar. Want zo sluiten zij aan bij materiaal dat al bestond en dat brengt ons zelfs nog dichter bij de oorspronkelijke gebeurtenissen waar ze het over hebben. Om het

even wanneer ze precies hun evangeliën samenstelden (waarschijnlijk tussen 50 en 70 na Chr.), het bewijsmateriaal toont duidelijk aan dat ze tot op zekere hoogte materiaal gebruikten dat al een poosje vóór die tijd in omloop was. En naarmate de inhoud van een document in tijd dichter bij de gebeurtenissen staat die het beschrijft, kan het met meer recht er aanspraak op maken dat het deze gebeurtenissen nauwkeurig weergeeft.

Het is ook waar dat de volgorde van de gebeurtenissen in al de evangeliën nogal verschilt, maar weer zie ik niet hoe dit hun geloofwaardigheid zou aantasten. De evangeliën proberen ons niet gewoon steeds biografische informatie over het leven van Jezus te geven. Ze zijn niet geschreven om onze historische nieuwsgierigheid te bevredigen. Ze zijn geschreven om mensen te redden door hen in een relatie te brengen met de Verlosser. Ze schilderen allemaal een historisch portret van Jezus – een 'impressionistisch schilderij' zo u wilt – en daarom herschikken ze het materiaal om bij het thema van hun portret te passen. Net als een goed opgebouwde preek vertellen ze hun verhaal met het oog *zowel* op de geschiedenis van het gebeurde, *als ook* op het effect van hun manier van het vertellen van het verhaal. Of om nog een andere vergelijking te gebruiken: de evangeliën zijn als een lied dat in zijn tekst informatie overdraagt, maar dat op zo'n manier doet dat er veel meer plaatsvindt dan alleen maar verstandelijke communicatie: ook het hart wordt geraakt en veranderd.

Ik zeg u dat niets van dit alles de algemene betrouwbaarheid van de evangeliën aantast. Alle historische werken uit die tijd zijn op precies dezelfde manier geschreven. Het betekent alleen maar dat we niet zeker weten in welke volgorde de gebeurtenissen in Jezus' leven zich precies voltrokken hebben (ook al valt er zeker een bepaalde volgorde te onderscheiden). Maar wat doet dat er toe?

Hetzelfde kan gezegd worden van de woorden van Jezus. De evangeliën verschillen nogal over wát Jezus precies heeft gezegd en wannéér Hij het precies heeft gezegd. Maar dit toont alleen maar aan dat de schrijvers geen twintigste-eeuwers waren die zich druk maakten over de precieze woordkeus. Ze geven Jezus in hun eigen woorden weer om de betekenis naar boven te halen die het publiek naar hun oordeel nodig heeft. Dit bewijst gewoon hoe rijk de leer van Jezus was. De evangeliën doen precies dat wat een verslag via een 'bandopname' van Jezus nooit zou hebben gekund: ze brengen de theologische en persoonlijke betekenis van zijn leven en zijn onderwijs voor de lezers naar boven. Je zou er alleen aanmerkingen op kunnen maken als ze dat hadden gedaan door te proberen zich te houden aan hedendaagse criteria van letterlijk-nauwkeurige weergave.

Wat mij betreft is de poging van geleerden om de exacte woorden van

Jezus te achterhalen – door erover te *stemmen*? – even futiel als nutteloos. Ik zie de pogingen van de fundamentalisten om alles in de evangeliën volmaakt te 'harmoniëren' precies zo.
Dit is dan ook de manier waarop ik uw aanval pareer dat de evangeliën 'vol tegenstrijdigheden zitten'. Bijna al die zogenaamde 'tegenstrijdigheden' in de evangeliën zijn het gevolg van het verkeerde gebruik dat de mensen van die evangeliën gemaakt hebben, namelijk door ze te behandelen als een soort bandopname die een letterlijke weergave zou zijn; door mensen die een te eigentijds criterium van de waarheid hanteren. Maar als ze gelezen worden in hun context van de eerste eeuw en in overeenstemming met het doel waarmee ze geschreven zijn, dan verdwijnen alle 'tegenstrijdigheden'. Niet omdat ze wegverklaard worden, maar omdat die dan onmiddellijk irrelevant worden.
Dus pa, ik blijf bij mijn bewering dat de evangeliën betrouwbaar zijn. Er is een heleboel wat ze ons niet vertellen en wat onze historische nieuwsgierigheid misschien graag zou willen weten. Maar toch vertellen ze ons alles wat we moeten weten en zo dwingen ze ons antwoord te geven op de belangrijkste vraag: wie was Jezus Christus? En deze vraag wil een beslissing: was Hij krankzinnig, was Hij een leugenaar, of was Hij de Here zoals zijn volgelingen Hem verkondigden?
Er is een derde mogelijkheid, en die geeft het enig mogelijke antwoord. Het bewijsmateriaal dat je verstand overtuigt en de Geest van God die het hart aanspreekt, wijzen beide op dat derde alternatief.
Denk erover na, pa.

Of u het nu leuk vindt of niet, u moet weten dat ik veel voor u bid.
Omdat ik van u houd.

Greg

Wie schreef de evangeliën en wanneer?

3 mei 1990

Beste Greg,

Prettig te horen dat alles goed gaat met jullie. Houd me alsjeblieft op de hoogte van het schema van je wedstrijden. Ik ben vooral geïnteresseerd in, en bezorgd over je plannen om mee te doen aan het kampioenschap op de honderd kilometer. Zó'n eind hardlopen kan voor helemaal niemand goed zijn. En hoe je dat nou 'leuk' kunt vinden, ontgaat me compleet. Zoiets komt aardig dicht in de buurt van wat naar mijn idee de hel moet zijn.

Maar goed, we gaan verder met ons debat. Ik moet zeggen dat ik het gevoel heb dat het me langzamerhand een beetje boven m'n pet gaat. Ik voelde me beter thuis bij het praten over God, maar die historische business is me te veel. Ik kan er maar niet aan wennen om welk deel van de Bijbel dan ook op die 'historische' manier te bekijken. Het verbaast me te horen dat je toegeeft dat er in de evangeliën al die verschillen zitten, dat ze oudere bronnen gebruikt hebben, enz. Ik heb altijd gedacht dat jullie evangelische types dit 'Heilige Boek' beschouwden als iets wat uit de hemel was komen vallen, in elk opzicht volmaakt, 'feilloos', zoals de zuidelijke baptisten zeggen. Geloof jij dat dan niet? In elk geval snap ik de argumenten die je aanvoert en die vind ik erg boeiend. Maar voor vandaag heb ik deze tegenwerping voor je: hoe kun je er zeker van zijn wanneer deze boeken zijn geschreven, en hoe kun je er zelfs maar zeker van zijn wíé ze geschreven heeft? Sterker, hoe kun je er, gegeven het feit dat ze van generatie op generatie overge-

leverd zijn, nu echt zeker van zijn dat je de originele evangeliën te pakken hebt? Misschien zijn ze op die lange weg wel 'bijgewerkt'.
Je hebt ook hier vast wel een antwoord op. Laat me het maar weten.

Veel liefs,

Pa

✍

23 mei 1990

Alweer mijn hartelijk groeten,

Lieve vader,

Nou en of we verdergaan met ons debat! Laat ik er meteen maar middenin duiken.
U vroeg hoe ik kan geloven dat de Bijbel geïnspireerd is en hoe ik er dan toch mee om kan gaan zoals ik dat doe, nl. op de 'historische' manier. Ik ben het met u eens, pa, dat de meeste evangelischen met de Bijbel omgaan alsof hij uit de hemel is komen vallen. Maar ik denk dat dit een verkeerde voorstelling is die niets met inspiratie te maken heeft. Hoewel ik geloof dat de Bijbel geïnspireerd en zelfs onfeilbaar is, is het toch ook een verzameling boeken, door mensen geschreven op dezelfde manier als andere boeken geschreven zijn. Als ik zeg dat de Bijbel is geïnspireerd dan druk ik daarmee mijn overtuiging uit dat God heeft gewerkt *via – en niet buiten –* het historische proces waardoor de Bijbel tot stand kwam. Ik zie dus niet in dat geloven dat de Bijbel Gods Woord is, onverenigbaar zou zijn met het analyseren van de Bijbel op dezelfde historische wijze als ik dat met andere geschiedkundige werken zou doen.
Ik heb heel wat redenen om te geloven dat de Bijbel geïnspireerd is en daar zullen we het nog wel een keer over moeten hebben. Maar geloven dat de Bijbel geïnspireerd is, staat volgens mij lang niet zo centraal in wat het christendom inhoudt, als geloven dat Jezus Christus de vleesgeworden God is en dat Hij de Heer en Redder van je leven kan zijn. Verlossing is een zaak van verbonden zijn met Christus, niet met de Bijbel. Sterker, geloven dat de Bijbel geïnspireerd is, is voor mij gewoon een *consequentie* (en niet de basis) van het belijden dat Christus de Heer van mijn leven is.

Laten we het nu hebben over uw vraag over de datering en het auteurschap van de evangeliën. Net als het punt van de toetsing van de betrouwbaarheid van oude documenten kan dit ook een ingewikkeld en saai onderwerp zijn. Maar ik zal proberen het kort en bondig te houden.

Laat ik allereerst zeggen dat geen enkel punt dat voor het christendom van fundamenteel belang is, afhangt van de vraag hoe goed een vroege datering en het apostolische auteurschap verdedigd kunnen worden. Dat wil zeggen: zelfs als de evangeliën samengesteld zouden zijn door andere mensen dan de discipelen aan wie ze toegeschreven worden, en op een later tijdstip dan traditioneel wordt aangenomen, kan hun algemene geloofwaardigheid desondanks op allerlei gronden toch wel aangetoond worden (daarvan heb ik u er sommige in een vorige brief genoemd). Dus zelfs als afdoend bewezen zou kunnen worden dat de evangeliën helemaal aan het eind van de eerste eeuw door onbekende mensen geschreven zijn, dan nóg zou ik hun tekening van de Here Jezus als nauwkeurig genoeg beschouwen om mij het volgende duidelijk te maken: in het begin van de eerste eeuw is er een Jood geweest, die een goddelijke autoriteit claimde voor Zichzelf en wiens leven, leer en wonderdaden – waaronder een opstanding uit de dood – in staat zijn geweest om orthodoxe Joden (wier hele systeem van geloven ingaat tegen aanspraken van een mens op goddelijkheid) ervan te overtuigen dat zijn beweringen op waarheid berustten. Ik zou nog steeds gedwongen zijn te besluiten of deze eerste-eeuwse Rabbi met de naam Jezus een ondenkbaar clevere charlatan was (en ook uitermate dom, want Hij liet Zichzelf kruisigen), of dat Hij de waarheid sprak. Er is gewoon veel te veel bewijsmateriaal dat de algemene geloofwaardigheid van deze documenten ondersteunt, dan dat dit zomaar het gebruikelijke beeld van Jezus weg zou kunnen vegen, zelfs als een late datering voor de evangeliën aanvaard zou worden. Ook al zouden ze zelf uit later tijd stammen, dan nog geldt dat zeker niet voor veel van het materiaal dat ze bevatten.

Maar toch, als een vroege datering en ook het apostolisch auteurschap van de evangeliën bewezen kunnen worden, dan is dat zoveel te beter. En volgens mij *kan* dat ook bewezen worden met aan zekerheid grenzende waarschijnlijkheid. De sleutel voor het dateren van de evangeliën, pa, ligt in de datering van het boek Handelingen van de Apostelen, want door vrijwel alle geleerden (vrijzinnig en conservatief) wordt aangenomen dat Handelingen *na* de evangeliën komt (mogelijk met uitzondering van Johannes). De synoptische evangeliën (de evangeliën van Matteüs, Marcus en Lucas, die een overzicht van het leven van Jezus geven) kunnen dus nooit later gedateerd worden dan Handelingen. Wel, uit welke tijd dateert Handelingen? Ik denk dat het ergens in het begin van de jaren zestig van de eerste eeuw gedateerd moet worden. En hier komen mijn argumenten.

1. Lucas (algemeen aanvaard als de auteur van Handelingen) maakt geen melding van de val van Jeruzalem in zeventig na Christus. Dat zou bijzonder opmerkelijk zijn als Handelingen na deze datum geschreven zou zijn, helemaal omdat Lucas het hele boek door hoofdzakelijk geïnteresseerd is in gebeurtenissen die in Jeruzalem plaatsvinden. Pa, Lucas maakt zelfs niet eens melding van de oorlog die in 66 na Christus uitbrak tussen de Joden en de Romeinen en die leidde tot de val van Jeruzalem, terwijl hij zich toch zijn hele werk door bezighoudt met Romeins-Joodse relaties. Hij vermeldt bijvoorbeeld wel de kleine schermutselingen die ze met elkaar hadden in 44 na Christus. Maar waarom zou hij dan de veel belangrijkere oorlog die 22 jaar later plaatsvond overslaan? Die oorlog leidde nota bene tot de verwoesting van de joodse tempel en de plundering van heel Jeruzalem?

Dit punt wordt nog dwingender als je bedenkt dat Jezus in het evangelie naar Lucas de val van Jeruzalem voorspelt (Lucas 21). Ik vind het wel heel onwaarschijnlijk om te veronderstellen dat Lucas de gelegenheid voorbij zou hebben laten gaan om te laten zien hoe deze profetie vervuld is. Zeker als je bedenkt dat een van de redenen waarom Lucas Handelingen überhaupt heeft geschreven, was om te laten zien hoe het werk van de Geest in de vroege kerk de dienst van Jezus voortzet en vervult!

In feite vermelden al de evangeliën de profetie van Jezus over de verwoesting van Jeruzalem. Vrijzinnige geleerden die niet geloven dat er iets bovennatuurlijks kan gebeuren, redeneren dat dit aantoont dat de evangeliën geschreven moeten zijn *na* de val van Jeruzalem (een belangrijke reden waarom zij de evangeliën een late datering geven). En dan leggen de evangelieschrijvers Jezus dus vermoedelijk een profetie in de mond, die Hij nooit uitgesproken heeft. Maar het is interessant om op dit punt te noteren, dat in alle evangeliën de val van Jeruzalem nauw verbonden wordt met het einde van de wereld (Lucas 21; Matteüs 24; Marcus 13). Dat geeft problemen bij de verklaarders, omdat de wereld heel duidelijk niet vergaan is toen Jeruzalem viel (zit er maar niet over in, ook op dat probleem bestaat een antwoord). Maar dit probleem in de tekst roept een nog groter probleem op voor de vrijzinnige visie. Want als de auteurs van de evangeliën zelf een profetie van Jezus over Jeruzalem verzonnen zouden hebben *na* de val, dan zouden ze toch zeker geen verband hebben verzonnen tussen dat feit en iets waarvan ze wisten dat het *niet* gebeurd was, nl. het einde van de wereld! Voelt u 'm?

Ik trek daarom de conclusie dat de profetie van Jezus over de val van Jeruzalem in het jaar zeventig na Christus geschreven moet zijn vóór zeventig na Christus. Lucas zou in Handelingen vermeld hebben dat die profetie vervuld was. En geen van de auteurs zou dat feit in verband hebben gebracht met het einde van de wereld als het inderdaad geschreven (verzonnen) was ná deze datum.

2. Handelingen maakt geen melding van de christenvervolging onder Nero in het midden van de jaren zestig na Christus. Feitelijk is de visie van het boek op de Romeinse regering uitgesproken vredelievend. Dat noopt ons ertoe het document in een tijd te plaatsen dat de Romeinse regering nog niet vijandig tegenover de christenen stond, oftewel in een tijd vóór Nero.

3. Lucas maakt in Handelingen geen melding van het martelaarschap van Paulus (64 na Christus) en van Petrus (65 na Christus), hoewel hij er veel werk van maakt om het martelaarschap van de 'lagere' christelijke leiders te vermelden (bijv. Stefanus en Jakobus). Dit is daarom zo opmerkelijk, omdat zo'n beetje het halve boek Handelingen over Paulus gaat en ook voor een groot deel over Petrus! Dat is nergens mee te verklaren als Lucas het na hun dood geschreven zou hebben.

4. Veel onderwerpen in Handelingen betreffen zaken die wel van belang zijn vóór de val van Jeruzalem, maar niet daarna. Dit weerspiegelt de behoefte en de belangstelling van de lezers, een publiek dat overduidelijk de val van Jeruzalem nog niet heeft meegemaakt.

5. Het verslag van Lucas over mensen en gebeurtenissen in het Romeinse Rijk is keer op keer bevestigd door de archeologie. Het weerspiegelt een gedetailleerde kennis van de vroege eerste eeuw. Deze kennis wordt in toenemende mate onwaarschijnlijk als we de datering van dit document naar latere jaren verschuiven.

6. Lucas gebruikt in Handelingen uitdrukkingen die wijdverbreid waren in het vroege christendom, maar later niet meer – in elk geval niet na het jaar zeventig. Jezus wordt bijvoorbeeld 'de Zoon des mensen' genoemd, maar deze titel van Jezus was in christelijke kringen al heel snel uitgestorven (en vervangen door 'Zoon van God').

Daarom stel ik dat Handelingen niet later gedateerd kan worden dan het midden van de jaren zestig, en waarschijnlijk een beetje eerder. Het evangelie naar Lucas is kort voor Handelingen geschreven – ze vormen een boek in twee delen – en Lucas is, dat wordt vrijwel algemeen erkend, ná Marcus geschreven. Ook wordt er gewoonlijk om een aantal goede redenen van uitgegaan, dat Matteüs en Lucas grofweg tijdgenoten zijn. Eén reden voor deze veronderstelling is, dat ze beiden van Marcus gebruik hebben gemaakt in ongeveer dezelfde vorm, en dat beiden nog een andere bron (Q genoemd) gebruikt hebben, ook ongeveer in dezelfde vorm. Daarom moet de datering van deze drie evangeliën (die de 'synoptische evangeliën' genoemd worden) gesteld worden op iets vóór het midden van de jaren zestig.

De gevolgen hiervan zijn veelbetekenend, pa. We hebben hier te maken met documenten die niet later dan dertig jaar na de gebeurtenissen zijn geschreven. Dat is volgens alle historische normen heel erg dichtbij. Er is geen tijd geweest voor enige legendevorming van betekenis. De ooggetuigen, vooral degenen die vijandig stonden tegenover de boodschap van het evangelie, leefden nog en ze leefden in precies dezelfde omgeving als waar deze werken in omloop waren. (Daarmee hebben de evangeliën een soort ingebouwd waarheidskenmerk.) En veel van de in de evangeliën opgenomen stof komt in tijd nog dichter in de buurt van de beschreven gebeurtenissen.
Dit alles, gecombineerd met het bewijsmateriaal van de betrouwbaarheid dat ik u al eerder heb gepresenteerd, verlangt van ons dat we de evangeliën op zijn minst als in het algemeen geloofwaardige documenten zien.

Wat het auteurschap van de evangeliën betreft, zou ik u drie korte punten willen voorhouden. In de eerste plaats wordt het auteurschap van het evangelie van Lucas en van Handelingen nauwelijks bestreden. Lucas is de auteur. Dat zeggen de documenten zelf en vroege bronnen bevestigen dat. De argumenten voor de christelijke visie op Christus zouden op grond hiervan alleen al overeind kunnen blijven.
In de tweede plaats wordt het auteurschap van de andere drie evangeliën vroeg in de tweede eeuw bevestigd door mensen die in een positie verkeerden dat zij het konden weten. Deze mensen *wilden* het ook weten, omdat ze in die tijd vervolgd werden en zelfs gemarteld om hun geloof. En niemand wil nu eenmaal sterven voor een leugen.
In de derde plaats klopt deze vroege traditie met bijna alles wat we verder over deze evangeliën weten: ze weerspiegelen overal de kijk die mensen hadden die dicht bij de beschreven gebeurtenissen hebben gestaan. Om nog één ding toe te voegen aan het bewijs dat ik u al gegeven heb: je vindt door heel de synoptische evangeliën heen (Johannes parafraseert meer) een herkenbare 'stijl' in het onderwijs van Jezus. Ook al wordt zijn onderwijs tot op zekere hoogte anders geformuleerd, zijn unieke manier van onderwijs geven komt toch bij alle drie duidelijk tot uiting. Hij gebruikt bijvoorbeeld in zijn leringen vaak een drievoudig patroon. Hij gebruikt het woord 'amen' (voorwaar) op een heel bijzondere manier. Hij stelt op een heel onmiskenbare manier vragen, enz. Als de auteurs niets met Jezus te maken hadden en als zij dit allemaal zelf verzonnen hadden (maar waarom zouden ze dat eigenlijk willen doen?), dan zou deze overeenstemming tussen de schrijvers volkomen onverklaarbaar zijn.
Natuurlijk weet ik dat geen van deze argumenten volledige zekerheid biedt. Maar wanneer iemand dit auteurschap wil *ontkennen*, dan ligt

duidelijk bij hém de bewijslast om aan te tonen dat deze vroege traditie niet correct is en hoe deze documenten überhaupt ten onrechte toegeschreven konden worden aan deze auteurs. En dit heeft nog niemand gedaan, tenminste niet bevredigend.

Zo staat mijn zaak er dus voor, pa. We hebben documenten in handen die redelijk nauwkeurig een mens tonen die voor Zichzelf goddelijke aanspraken heeft gemaakt en die deze aanspraken krachtig genoeg met bewijzen staafde om de theologie van zijn Joodse toehoorders helemaal van de kaart te vegen. Hij heeft hen ervan overtuigd dat Hij werkelijk de Here van de aarde is, de Messias, de Redder van de wereld – geen geringe prestatie! We zien in de evangeliën en in de brieven dat hij dat deed door een leven te leven en daden te verrichten die geen gewoon mens zou kunnen. Vooral zijn wonderen en zijn opstanding overtuigden zijn toekomstige volgelingen ervan dat Hij alleen maar de 'Zoon van God' kon zijn.

De vraag waar deze documenten ons voor plaatsen is deze: *Wie zeggen wij dat Jezus is*? Als Hij niet is wie Hij en zijn volgelingen zeggen dat Hij is, wat dan?

Pa, u en ik zijn in onze discussie op het punt gekomen dat we het erover eens zijn dat God bestaat, en dat Hij een 'persoonlijk wezen' is, die ons beter kent, meer liefheeft en meer om ons geeft dan wijzelf doen. Daarom wil ik u deze vraag voorhouden: is het niet zo dat het getuigenis van de evangeliën 'past'? Is het niet zo dat de proclamatie dat „God in Christus de wereld verlossende was" (2 Korintiërs 5:19, mijn parafrase) niet alleen klopt met het historische bewijsmateriaal, maar ook met deze kijk op God? Bevestigt deze proclamatie niet het verlangen van het hart op dezelfde manier als het de vragen van het verstand beantwoordt? Ik hoop dat u daar goed over nadenkt en (wie weet?) dat misschien ook in gebed brengt.

Sorry dat mijn verhaal zo wijdlopig is geworden, maar het is uw eigen schuld. Moet u maar niet van die goede vragen stellen. Als u zich nou gewoon bekeerde, dan hoefden we nu niet zo moeilijk te doen! Grapje. In feite ben ik er gek op – reden waarom ik mijn brood verdien met het nadenken over dit soort dingen. Ik ben alleen bang dat ik uw geduld een beetje op de proef stel doordat ik misschien wat te technisch ben. Vergeef me. Maar eerlijk gezegd weet ik geen andere manier om de vragen die u stelt naar behoren te beantwoorden.

Ik kijk ernaar uit van u te horen.

Veel liefs en in hoop.

Greg

Zestiende briefwisseling

Hoe kun je nu geloven dat er een mens uit de dood is opgestaan?

29 mei 1990

Beste Greg,

Ik vind je benadering van Jezus en de Bijbel net zo vreemd als ik je visie op God vond. Je zegt dat je geloof in de Bijbel pas *na* je geloof in Jezus komt? Dat is het omgekeerde van wat ik altijd aangenomen heb – maar goed, ik snap waar je heen wilt. En dan is er nog wat jij onder inspiratie verstaat. Dat is totaal vreemd aan wat ik altijd gehoord heb. Denken er meer mensen in Bethel zo? Of ben je zo'n maffe vrijzinnige temidden van allerlei fundamentalisten?

In elk geval, Greg, heb je me er aardig van overtuigd dat de evangeliën nogal wat betrouwbaar materiaal uit de eerste hand bevatten. Ik ben onder de indruk van je bewijsvoering. Maar je hebt nog niet bewezen dat deze boeken *in elk opzicht* betrouwbaar zijn (en je hebt ook niet aangetoond dat het evangelie van Johannes in *enig* opzicht betrouwbaar is). En dus moet ik in antwoord op je argumenten het punt naar voren brengen dat ik al eerder genoemd heb. Wat verhindert ons om aan te nemen dat er nogal wat 'sterke verhalen' met het historisch materiaal van de evangeliën verweven zijn geraakt, net zoals de hele Bijbel verweven is met 'sterke verhalen'?

Ik ontken de 'algemene betrouwbaarheid' van de evangeliën niet, en ik ontken ook niet dat Jezus misschien een soort 'geloofsgenezingen' verrichtte – dat kom je in andere religies ook wel tegen. Maar misschien zijn de verhalen daarna hoe langer hoe sterker geworden, totdat tegen

de tijd dat de evangeliën geschreven werden, geloofd werd dat Hij de Verlosser van de wereld was! Gebeurt dat niet altijd met opmerkelijke mensen? Mensen vertellen ook over Boeddha en Mohammed allerlei wonderverhalen, weet je.
Ten diepste zit er achter deze vraag bij mij een fundamenteel probleem dat ik heb met dat hele christelijke gedoe. Elke dode die ik ooit gezien heb, bleef gewoon dood! Maar christenen zeggen dat Jezus uit de dood is opgestaan. En nu vraag je van mij (en van ieder ander die ooit geleefd heeft) om alle bewijsmateriaal dat gestorven mensen dood blijven te negeren vanwege de 'algemene betrouwbaarheid' van een paar antieke documenten, waar ik verder niet veel van af weet. Zou jij vandaag een 'algemeen betrouwbaar' mens geloven, als die je zou vertellen dat een vriend van hem zijn eigen graf uitgewandeld was?
Ik heb geen idee waarom de discipelen *dachten* dat Jezus was opgestaan uit de dood. Maar het lijkt me dat *elke* verklaring beter is dan die ene, nl. dat Hij *werkelijk* uit de dood is opgestaan. Misschien hebben de discipelen wel gehallucineerd. Dat gebeurde in Fatima ook en ik heb gehoord dat het ook in andere plaatsen gebeurd is. Mensen zien rare dingen, godsdienstfanatici helemaal. Voorbeelden te over. Misschien heeft iemand het lijk gestolen, wellicht een paar grappenmakers. Of misschien heeft Jezus op een of andere manier kans gezien de hele zaak in elkaar te zetten. Ik weet het echt niet. Maar dat Hij na zijn dood gewoon weer verschenen is met al die engelen enzo, daar geloof ik zéker geen bal van.
Je vroeg me aan het eind van je laatste brief wie ik denk dat Jezus is. Dat is een vraag waar ik eerlijk gezegd nog geen definitief antwoord op heb. Maar één ding weet ik zeker: wie Hij ook was is, Hij is dat nu niet meer – Hij is dood.
We konden hiermee weleens een dood punt bereikt hebben, Greg, want ik denk dat mijn bezwaar op dit punt gewoon een kwestie van geloof is. En geloof is het waar het mij aan ontbreekt. Of je gelooft hierin, óf je doet dat niet. Dat gaat verder dan de 'algemene betrouwbaarheid' van welke oude documenten ook.
Je zult langzamerhand wel moe van me geworden zijn! We zijn al meer dan een jaar bezig en ondanks al je intellectuele argumenten, die ik overigens zeer bewonder, geloof ik niet dat ik dichter bij het aanvaarden van je geloof gekomen ben dan ik was. Mijn kijk op God is tot op zekere hoogte veranderd, maar voor de rest ben ik nu gewoon een stuk beter geïnformeerd.

Hoe dat ook zij, ik houd van je.

Pa

16 juni 1990

Lieve vader,

Ik neem aan dat alles goed met u gaat daar in dat kokend hete land. U kunt de draak wel met ons steken tijdens die koude winters van ons, maar u in de zomer bent u de klos. Ik wed dat u in de zomer minder buiten komt dan wij in de winter! Hoe wáár is het, dat we in een gevallen wereld leven! Geen Hof van Eden of er is wel een of ander seizoen dat onze arme zielen kwelt.

Goed, laten we het weer over theologie hebben. Ik heb de hele middag gereserveerd om deze brief te kunnen schrijven, omdat ik denk dat het mijn *magnum opus* aan u wordt. Ik wil het namelijk hebben over de opstanding. En dit is, denk ik, misschien wel het meest kritieke onderwerp dat we moeten bediscussiëren.

Laat me eerst antwoorden op uw bezorgdheid dat ik erg moe begin te worden van uw scepticisme. Vergeet het maar! Ik heb bewondering voor uw karaktervastheid en voor de scherpzinnigheid van uw vragen en tegenwerpingen. Daar houd ik juist van! Nog afgezien van mijn voorliefde voor dit onderwerp, ik vind het heerlijk om met u te discussiëren over de belangrijkste dingen in het leven. Dat hebben we nog nooit eerder zo gedaan.

Maar ik weet iets wat u niet weet – en dat geeft ook voedsel aan mijn drang om door te gaan. Want ziet u, pa, u bent een gemerkt mens. God heeft u dóór! Hij houdt hartstochtelijk veel van u en wil u voor eeuwig bij Zich hebben. En ondanks alle bedenkingen die u heeft tegen zijn plannen, weet Hij dat uw hart toch plooibaar is. Ik hoef alleen maar de intellectuele kwesties zoveel mogelijk uit de weg te ruimen, zodat Hij vrij toegang krijgt tot uw hart. En ik denk dat Hij dat bij elke volgende brief een beetje meer krijgt.

Dit vertrouwen, samen met mijn liefde en zorg voor u, geeft me steeds weer nieuwe inspiratie. Noem het voor mijn part instinct, maar ik ben er vast van overtuigd dat u gered *zult* worden. U bent zich dat waarschijnlijk nog helemaal niet bewust en misschien is er nu nog maar weinig van te zien. Maar telkens als ik voor u bid, komt er een soort vertrouwen over me. Dat is de Geest van God, dezelfde Geest die onvermoeibaar uw hart aan het bewerken is. Ongetwijfeld klinkt u dit oubollig in de oren, maar dat kan me niets schelen. Ik ben ervan overtuigd dat u op een dag hierop terug zult kijken en het ook zult zien.

Maar in geen geval hoeft u zich zorgen te maken over vermoeidheid van mijn kant bij onze conversatie.
Goed, laten we nu eens kijken naar de opstanding en de tegenwerpingen die u maakt.
In de eerste plaats stelt u dat de opstanding eenvoudig een 'kwestie van geloof' is: je gelooft het gewoon of je gelooft het niet. En daarom denkt u dat we op een dood punt zitten. Daar ben ik het niet mee eens. Natuurlijk is geloof in de opstanding meer dan een theoretische hypothese over een historische gebeurtenis. Maar dat betekent nog niet dat het niets te maken heeft met een hypothese over een historische gebeurtenis. De gebeurtenis heeft plaatsgevonden in de geschiedenis en daarom moet deze gebeurtenis via historische criteria worden vastgesteld, net zoals elke andere mogelijk historische gebeurtenis. Er is meer voor nodig dan alleen maar bewijs om in de opstanding van Christus te geloven – ik geloof dat het ook de werking van de Geest van God in iemands hart is – maar dat betekent nog niet dat dit geloof *apart* gehouden kan of moet worden van het historisch bewijs. Wanneer het om waarheid gaat, werken de Geest en het verstand in harmonie samen. Nu hoef ik me geen zorgen te maken over het werk van de Geest om uw hart te overtuigen (ik ben de Heilige Geest niet!). Maar daarom kan ik mezelf nog wel bezighouden met het overtuigen van uw verstand! Daarom wil ik het graag met u hebben over het bewijs van de opstanding. Dat is niet zo maar 'een kwestie van geloof'. Het is een geloofsartikel dat het historisch redeneren doorkruist.
In de tweede plaats wijst u er terecht op, dat ik, hoewel ik de 'algemene betrouwbaarheid' van de evangeliën (met uitzondering van Johannes, maar dat is een heel andere en erg ingewikkelde geschiedenis waar echter niets van afhangt) heb aangetoond, niet bewezen heb dat de evangeliën 'in elk opzicht' betrouwbaar zijn. Maar is dat een redelijke eis, pa? Hoe kan iemand dat ooit bewijzen van welk historisch document ook? Ik blijf erbij dat we de evangeliën *net zo* moeten behandelen als ieder ander historisch document, maar wat u vraagt gaat veel verder dan dat.
Natuurlijk is het mogelijk dat er aan de evangeliën aspecten zitten die niet betrouwbaar zijn, maar de kracht van het aantonen dat de evangeliën *over het algemeen* betrouwbaar zijn, is dat de bewijslast nu bij de persoon ligt die de betrouwbaarheid van de evangeliën in enig opzicht ontkent. Die persoon moet aantonen *waarom* ze zo bekeken moeten worden. Als er 'sterke verhalen' in de evangeliën zitten, dan moet dat bewezen worden, want we hebben goede gronden om ze voor betrouwbaar te houden.
Mijn derde punt heeft hiermee te maken. U vermoedt dat er legendeachtige kenmerken de historische kern van de evangeliën binnengeslo-

pen zijn. Maar op wat voor gronden beweert u dat eigenlijk? Van alles wat ik heb kunnen vinden (en ik heb er toch behoorlijk op gestudeerd) zou de enige reële basis voor deze claim kunnen zijn, dat er bovennatuurlijke aspecten zitten aan het leven van Jezus in de evangeliën en dat er ook sprake is van bovennatuurlijke gebeurtenissen. Vandaar dat de evangelieverhalen tot op die hoogte legende-achtig zijn.
Maar hoe komen die mensen aan hun onfeilbare kennis over het universum? De gedachte dat we in een universum leven waarin iedere gebeurtenis een natuurlijke oorzaak moet hebben, is net zo goed een zaak van 'blind geloof' als wat dan ook! Wat meer is, ik denk dat u deze gedachte niet meer kunt gebruiken, omdat u al gelooft dat er een persoonlijke God achter of boven het universum *is*. En als er zo'n godheid is hoe kunnen we dan de mogelijkheid van zijn ingrijpen uitvlakken? Integendeel, zou ik zeggen, als Hij het hoogste voorbeeld is van alles wat we zijn, dan zou ik denken dat we zo'n ingrijpen juist kunnen *verwachten*.
Er bestaan ook vier historische argumenten tégen de theorie dat de evangeliën legendarisch materiaal zouden bevatten. In de eerste plaats zijn de evangeliën geschreven binnen enkele tientallen jaren nadat de opgetekende gebeurtenissen hebben plaatsgehad en dat is niet genoeg voor legendarische aangroeisels van betekenis. In de tweede plaats zijn de evangeliën geschreven in een vijandige omgeving die noodzakelijkerwijs de ontwikkeling van legendarisch materiaal in toom zou hebben gehouden.
In de derde plaats, als er al legendarische aangroeisels zouden zijn, zouden we verwachten die aan te treffen in de latere stadia van de evangeliën, maar niet in de vroegere. Veel vrijzinnige theologen hebben in de achttiende en negentiende eeuw geprobeerd dit te bewijzen. Maar dat hele project is in elkaar gestort, omdat ze het niet voor elkaar kregen. Het vroegste materiaal zit net zo vol met wonderen als het latere. Sterker, de brieven van Paulus geven een volledig 'vergoddelijkt' beeld van Jezus (bijvoorbeeld dat Hij Here en God is), terwijl, naar men beweert, de meeste ervan geschreven zijn voordat er één evangelie geschreven was (en zelfs deze brieven bevatten materiaal waarvan bewezen kan worden dat het van een eerdere datum is dan het tijdstip waarop ze opgesteld zijn, materiaal dat helemaal uitgaat van een bovennatuurlijke Jezus! Zie bijv. Filippenzen 2:6-11). Nee, de bovennatuurlijke trekken van het leven van Jezus kennen geen ontwikkeling in de tijd. Ze waren er vanaf het begin!
Ten slotte, als de evangeliën legendarisch materiaal zouden bevatten midden tussen verder betrouwbaar materiaal, dan zouden we verwachten dat dat materiaal niet zo goed zou voldoen aan onze eerder bediscussieerde 'historische criteria' als het overige 'niet-legendarische'

materiaal. Maar dat is gewoon niet het geval. Denk even aan het verhaal van de opstanding in Johannes 20, dat we samen gelezen hebben. Dat heeft al de kenmerken van een ooggetuigenverslag.
Vandaar, pa, dat ik geen goede reden zie om onze taxatie van de algemene betrouwbaarheid van de evangeliën te herroepen als het gaat over hun relaas over bovennatuurlijke gebeurtenissen. En dat geldt ook voor hun verslaggeving van de opstanding. Ook als iemand de betrouwbaarheid van deze verslagen wil ontkennen, dan ligt de bewijslast bij hem om uit te leggen waarom. Maar dat is volgens mij heel moeilijk te doen. Feitelijk is naar mijn inschatting het bewijs voor de historiciteit van de opstanding sterker dan voor enige andere gebeurtenis uit het leven van Jezus. Ook sterker dan het bewijs voor de historiciteit van veel historische gebeurtenissen die we heel vanzelfsprekend vinden. Laat ik mijn argumenten kort voor u op een rij mogen zetten.

1. Van het feit van de opstanding wordt getuigd door vijf onafhankelijke bronnen (Matteüs, Marcus, Lucas, Johannes en Paulus, die op hun beurt naar talrijke andere bronnen verwijzen, zoals Petrus en Jakobus in 1 Korintiërs 15). De veelheid van deze bronnen verhoogt de geloofwaardigheid van ieder afzonderlijk sterk. Je zou nog vol kunnen houden dat Matteüs en Lucas hier van Marcus hebben geleend, zoals ze dat hier en daar in hun overige materiaal wel gedaan hebben. Maar wat heel boeiend is, is dat hun eigen verhalen van de opstanding totaal verschillen van elkaar én van dat van Marcus! Feitelijk bevat elk van de getuigenissen meer uniek materiaal dan dat ze gemeenschappelijk materiaal hebben. Dat schept wel weer een probleem met het harmoniëren van de verslagen. Maar dat betekent niets vergeleken met het probleem van hoe te verklaren valt dat ze, onafhankelijk van elkaar, überhaupt getuigen van de opstanding – als er feitelijk helemaal geen opstanding geweest is.
2. De plaats van het graf van Jezus was bij allen goed bekend. Dus als Jezus niet uit de dood was opgestaan, als zijn lichaam nog in het graf had gelegen, dan was dat gemakkelijk te controleren geweest. Zowel de volgelingen van Jezus (die vervolgd zouden worden vanwege hun geloof), als zijn tegenstanders (die de bewering van de christenen zouden willen weerleggen) hadden een motief om dit te verifiëren. Maar ze zijn het allemaal eens: het graf was leeg. Hoe valt deze overeenstemming te verklaren?
3. Houdt verband met nummer 2: er is niemand die ontkent dat de christelijke kerk in Jeruzalem begon, maar een paar weken na de kruisiging van Jezus. Ze kende een explosieve groei. En de inhoud van de boodschap die deze explosie veroorzaakte, was dat Jezus de Messias is, de Here van alles, zoals duidelijk bewezen was door zijn wonderen en

door zijn opstanding uit de dood (zie Handelingen 2:16 v.v.). Ze stellen aan hun gehoor niet een of ander onbekend persoon uit een grijs verleden voor. Integendeel, ze hebben het over een van hun eigen tijdgenoten! Hoe kunt u die geweldige groei verklaren?

4. Zoals ik al eerder uiteengezet heb, missen de opstandingsverhalen de kenmerken die eigen zijn aan late legendarische verhalen en bevatten ze veel van de kenmerken die eigen zijn aan vroege ooggetuigenverslagen. Er is bijvoorbeeld sprake van veel details die voor een groot gedeelte onbelangrijk zijn voor de verhaallijn. Om daar een voorbeeld van te geven: Marcus noemt de naam van het bekende lid van het Sanhedrin (de Joodse Raad), die een graf schonk voor het lichaam van Jezus, Jozef van Arimatea. Als iemand een verslag zit te verzinnen, dan gaat hij niet dit soort details bedenken. Hij zal al helemaal geen namen laten vallen van dit soort prominente lieden, die je gemakkelijk even kunt ondervragen.

Er zit ook heel wat materiaal bij dat de geloofwaardigheid geen goed doet. In legendes komt zoiets niet voor. Bijvoorbeeld de rol van de vrouwen in het verhaal: in de context van de eerste eeuw kon die het getuigenis van de auteurs alleen maar schaden. Vrouwen werden, zoals ik in een eerdere brief al geschreven heb, algemeen beschouwd als ongeneeslijke leugenaarsters.

En, ten slotte: er is in de verhalen ook sprake van een totale afwezigheid aan theologische bespiegeling. Later legendarisch materiaal laat niets onverklaard, maar de evangelieverhalen bevatten nogal wat raadselachtigheden, die de auteurs gewoon melden, maar die ze raadselachtig láten. Jezus zegt bij voorbeeld tegen Maria van Magdala in Johannes 20: „Houd Mij niet vast, want Ik ben nog niet opgevaren naar de Vader." Waarom niet? Dat zegt de schrijver niet. De theologen van vandaag zijn nóg bezig met het zoeken naar een verklaring. En zo zouden er nog een heleboel andere voorbeelden te geven zijn.

5. De bekering van Paulus is onverklaarbaar, *behalve* op grond van de verklaring die hij zelf geeft: hij ontmoette de opgestane Here (zie Handelingen 9 en 1 Korintiërs 15). Hier hebben we een man die mordicus tégen het christendom is, die zelfs toezicht had gehouden bij de steniging van een van zijn predikers, en dan in één ogenblik bekeerd wordt. Op dezelfde manier geloofde Jakobus, de broer van Jezus, ook niet in Hem, totdat de Here hem verscheen (1 Korintiërs 15:7). (Er wordt ook naar zijn ongeloof verwezen in Marcus 3 en Johannes 7 – nog meer bezwarend materiaal dat tóch de geloofwaardigheid ondersteunt!) Hoe moet je deze bekering verklaren zónder het feit van de opstanding?

6. Paulus geeft ons een vroege opsomming van de verschijningen van de Opgestane. U vindt die in 1 Korintiërs 15, zo'n vijftien tot twintig jaar na de opstanding geschreven. Hij poogt hier sommige Korintiërs

ervan te overtuigen dat de opstanding van Jezus *echt* heeft plaatsgehad. Om dat te doen zet hij de verschijningen van Christus op een rij: aan de apostelen, aan Jakobus en 'aan meer dan vijfhonderd broeders tegelijk, van wie de meesten nog in leven zijn' (1 Korintiërs 15:6). Met het noteren van het grote aantal levende mensen die Christus gezien hebben na zijn opstanding wil hij zeggen: Als u mij niet gelooft, het bewijs loopt overal rond. Ga het maar vragen aan degenen die het gezien hebben. Gemeten naar de normen van welke rechtbank ook geldt dit als ijzersterk bewijs.

7. Er is geen enkele manier om de verandering bij de discipelen te verklaren, behalve met het feit van de opstanding, wat precies de grond is die zij zelf aanvoeren. Als u de discipelen van *voor* de dood van Jezus vergelijkt met de discipelen van *na* zijn verschijningen, dan ziet u een wereld van verschil. De ene dag waren ze nog bang en verborgen ze zich; de volgende dag gingen ze de confrontatie aan met een vijandig publiek door (hoe kan het ook anders?) de opstanding te preken.

8. Tot slot: de discipelen hebben geen *motief* om dit verhaal te verzinnen. Ze hadden niets te winnen en alles te verliezen. En er is ook niets dat aanleiding geeft om te geloven dat geneigd waren zulke verhalen te verzinnen, of dat ze het soort karakter hadden dat in staat was om zo'n ongelooflijk verhaal te fabriceren. En zelfs als ze dat hadden gewíld, dan is er nog niets dat suggereert dat ze het ook klaargespeeld zouden hebben.

Kortom, de ontkenning van de opstanding heeft niets in zich om zichzelf als een historische hypothese aan te bevelen, terwijl de aanvaarding van de opstanding alles in zich heeft om dat wel te kunnen. Dat is in een notendop mijn bewijsvoering ten gunste van de historische waarheid van de opstanding.

Ik zou mijn *magnum opus* nu graag willen besluiten met een paar woorden over de alternatieve verklaringen van de opstanding, die u noemde in uw laatste brief.

Kan iemand het lichaam gestolen hebben? Wie kan dat dan geweest zijn? Wie zou er belang bij hebben gehad om dat te doen? Hoe zouden ze langs de Romeinse wachtposten (wier leven op het spel stond als ze Hem niet goed bewaakten) hebben kunnen komen? En hoe verklaar je dan nog de verschijningen?

Zouden de discipelen allemaal gehallucineerd hebben toen ze Jezus 'zagen'? Hoe moet dan het lege graf verklaard worden? Trouwens, de verschijningen hebben helemaal niets van hallucinaties. Ze strekken zich uit over een vrij lange tijd. Ze vonden plaats bij groepen mensen op hetzelfde moment (die met Hem spraken en zelfs samen met 'de hallucinatie' aten). De discipelen waren er helemaal niet op aangelegd om zulke hallucinaties te krijgen. En door de verschijningen van Jezus

veranderden de levens van hen die er getuige van waren. Hallucinaties hebben dat effect niet.
Kan Jezus de hele zaak in scène hebben gezet? Hoe heeft Hij dat dan voor elkaar gekregen? Hoe kan iemand een dood suggereren (te midden van executeurs die experts waren op het gebied van de dood) en daarna een opstanding? Is dat in overeenstemming met wat we ook maar van het karakter van Jezus en zijn discipelen weten? Hoe verklaar je hiermee dan de verschijningen aan Paulus, aan Jakobus, aan de vijfhonderd? Hoe verklaart dit de totale verandering bij de discipelen?
In één woord, pa, er is gewoon geen verklaring die zelfs maar een beetje plausibel is voor al het bewijs voor de opstanding. Er blijft er maar één over: toegeven dat het inderdaad gebeurd is zoals de discipelen zeggen dat het gebeurd is. Ik ben met u eens dat dit tot op zekere hoogte moeilijk te geloven is, want het gaat in tegen wat we elke dag om ons heen zien: dode mensen blijven dood. Maar ik denk niet dat we onze algemene, alledaagse ervaring kunnen gebruiken om de mogelijkheid uit te sluiten dat er iets gebeurt dat in elk opzicht buitengewoon is, als we daar feitelijk hard bewijs voor hebben.
Overweegt u dit eens: bestaat er ook maar één gewoon ding, dat niet buitengewoon was toen het begon te bestaan? Of je nu in evolutie gelooft of in creationisme, de verschijning van de eerste giraffe of olifant, en helemaal de verschijning van de eerste 'homo sapiens' zou behoorlijk buitengewoon hebben geleken voor iemand in de buurt die dat waarnam. Maar nu dieren en mensen heel gewoon zijn, bekijken we ze niet meer met zoveel ontzag.
Met de opstanding is het net zo. Het opgestane lichaam van Jezus is het eerste geval van iets wat in de loop van de tijd universeel zal worden. Hij is het eerste toonbeeld van wat mensen zullen zijn, van wat ze volgens goddelijke bedoeling zullen zijn. Feitelijk is Hij de eerste *werkelijke* mens.
Zo u wilt, Jezus is de eerste vlinder die uit zijn cocon komt. Dat lijkt ons nu alleen maar onwaarschijnlijk omdat we nog opgesloten zitten in onze cocons. Maar rupsen zijn bedoeld om eens te vliegen! Of om van beeld te veranderen: Jezus is de eerste zygote die tot volle ontwikkeling komt en een pasgeboren baby wordt. Maar als je nog nooit een volledig ontwikkelde baby hebt gezien, dan zou je maar moeilijk kunnen geloven dat deze microscopisch kleine bevruchte cel er ooit eentje wordt. We geloven dat nu alleen maar omdat die buitengewone gebeurtenis voor ons gewoon geworden is. Maar is de opstanding van Jezus nu echt een groter wonder dan het wonder van het geboorteproces? Het lijkt nu inderdaad buitengewoner. Maar als ik gelijk heb, pa, zal het binnenkort de universele regel zijn. We zijn er allemaal toe voorbestemd om op de laatste dag op te staan.

Wat wel erg tragisch is, en hiermee moet ik afsluiten, vader, is dat de Schrift duidelijk stelt dat veel van deze zygoten geaborteerd zullen worden. Op een dag zullen ze allemaal opstaan. Maar niet iedereen zal opstaan tot het eeuwige leven bij God dat God ons altijd al bedoeld had te geven. Om 'wedergeboren' te worden, nu en in eeuwigheid, moet je vertrouwen op de manier van geboren worden zoals God die verschaft. Om het beeld nog even vol te houden: de enige navelstreng die ons aan God verbindt, is Jezus Christus. Wanneer we onszelf van die levensader lossnijden, zullen we doodgeboren worden. (Het woord voor 'hel' is in het Grieks *gehenna*, en dat was toen een enorme brandende vuilnisbelt buiten Jeruzalem. Dat beeld past precies bij de illustratie, pa. Degenen die zelf veroorzaken dat ze afgesneden worden van Gods plan, maken zichzelf tot datgene waar de mens nooit voor bedoeld was – tot afval. Ze zijn doodgeboren kinderen, die geen plaats krijgen bij de levenden.)
Ik dring er bij u op aan, vader – ik sméék het u – snijd uzelf niet af van Jezus Christus. Verwerp Hem niet. Alles waarvoor u bestemd bent, al de verlangens van uw hart, uw behoefte aan liefde, aan hoop, aan betekenis, aan geluk, alle worden ze vervuld in de relatie met God door Jezus Christus. Daar bent u voor geschapen. God wil dat u daar deel aan hebt. Hij stierf de dood aan het kruis opdat u het zou krijgen.

Alles wat ik, zeg ik vanuit mijn liefde en mijn hoop voor u.

Liefs,

Greg

Zeventiende briefwisseling

Hoe kun je nu geloven dat een mens God is?

16 juli 1990

Beste Greg,

Hoe gaat het met de training voor het kampioenschap op de honderd kilometer? En hoe maken Shelley en de kinderen het op het ogenblik? Praat me in je volgende brief eens even helemaal bij over iedereen.
Ik stel de liefde en de zorg die je in je laatste brief toont erg op prijs. Sorry dat ik jouw optimisme over de vooruitzichten op mijn bekering niet deel, maar ach, wie weet? Wel moet ik toegeven dat je argumenten betreffende de opstanding van Christus verrassend sterk zijn. Je hebt bepaald geen 'blinde geloofssprong' gemaakt. Al zou onze discussie verder niets opleveren, ik begin toch een antwoord te krijgen op de vraag waar ik al zolang mee rondloop: hoe je ondanks al het onderwijs dat je gevolgd hebt, zelfs op enkele van de beste scholen van het land, dit christelijk gedoe bent blijven geloven. Ook al ben ik het niet met je eens, ik moet toegeven dat je behoorlijk stevig staat. Als ik erover nadenk, krijg ik er hoofdpijn van, zo onwaarschijnlijk vind ik die hele gebeurtenis. Maar ja, dan is er dat bewijs!
Ik heb geen zin om te gaan zitten muggenziften over jouw bewijsvoering voor de opstanding. Ik wil antwoorden met een heel andere benadering. Stel je voor dat ik, ter wille van de discussie, zou toegeven dat Jezus weer bijgekomen was of zoiets. Het graf is leeg. Dat zou zeker een vreemde gebeurtenis zijn. Maar dan vraag ik me wel af of dat alléén voldoende bewijst dat deze man ook inderdaad is wat de christenen van Hem willen maken. Ik bedoel: ik heb van wel meer mensen gehoord dat ze weer tot leven kwamen. Maar bewijst dat dat ze God zijn?

Kijk, er gebeuren een hoop onverklaarbare dingen in deze wereld. Neem bijvoorbeeld al die vreemde graancirkels in Engeland, waarvan velen denken dat het sporen van UFO's zijn. Misschien is wat er in de eerste eeuw gebeurde wel een of andere onverklaarbare gebeurtenis en zijn die discipelen toen helemaal geflipt of zo en gingen ze denken dat Jezus God was. In feite was misschien wel alleen Paulus maar geflipt (hij komt bij mij op een of andere manier altijd als een beetje gestoord over). Ik heb gehoord dat hij degene was die het eerst geloofde dat Jezus goddelijk was. De evangeliën beschrijven Jezus in veel aardsere termen, als een groot man die wonderen kon doen (wat ik nog wel wil toegeven).
Wat ik probeer te doen, Greg, is de kracht van jouw bewijs op één lijn te krijgen met een wereldbeschouwing die ik zinniger vind. Concluderen dat Jezus God is, werkt gewoon niet. Hoe kun je nu geloven dat een mens, een echt menselijk wezen, God is? Alle argumenten in de wereld voor de opstanding schieten tekort om dat aannemelijk te maken. Het lijkt juist op iets van heidens bijgeloof. Dat is compleet tegenstrijdig! Ik weet dat christenen vasthouden aan een drie-eenheid, dat een deel van God hier beneden was terwijl een ander deel van God daarboven was of zoiets. Maar gewoon geloven dat Jezus een geloofsgenezer was die op een of andere manier weer tot leven gekomen is, en wiens volgelingen (één in het bijzonder) toen zijn gaan overdrijven met allerlei beweringen over Hem, verklaart alles, zonder dat geloof in van die onmogelijke denkbeelden vereist is.
Laat me weten wat je hiervan vindt.

Zoals altijd veel liefs,

Pa

28 juli 1990

Ha lieve vader,

Ons gezin maakt het heel goed, hier in het 'kille' Minnesota. De training voor de honderd kilometer gaat goed, maar ik ben al blij als ik zo'n 65 kilometer per week haal. En dat is ongeveer de helft van wat algemeen beschouwd wordt als de minimale training voor deze wedstrijd. Ook de kinderen doen hier en daar aan wedstrijden mee als ze er zin in hebben. Een week of wat geleden gingen we naar een hardloopwedstrijd. Nathan is nog te jong om mee te doen aan welke afstand dan ook, maar hij wou wel ontzettend graag een lintje. Ik wist een van de officials om te praten om hem een lintje te geven, als hij het redde om het halve vierhonderdmeterparcours rond te rennen (en/of lopen). Hij startte alsof het om de Olympische Spelen ging! Maar omdat hij niet wist waar precies de helft was, rende hij het parcours helemaal rond. Toen hij ongeveer op de helft was kregen een paar mensen op de tribune die kleine van vier in de gaten, bezig om een uitputtende prestatie te leveren, en ze begonnen hem aan te moedigen. Tegen de tijd dat hij bijna binnen was, stond de hele menigte te juichen. De officials spanden een lint voor hem om doorheen te lopen als hij de finish passeerde. Dat was zijn ogenblik van roem! Ik heb hem nog nooit zo trots gezien! Hij werd beloond met een lintje voor de eerste plaats.

Goed, ik ben blij te zien dat u dan toch voorlopig wilt toegeven dat Jezus is opgestaan uit de dood. Maar volgens u is dat geen bewijs voor zijn goddelijkheid. U vermoedt dat die overtuiging een stuk bijgeloof is, afkomstig van Paulus. Misschien verrast het u pa, maar dat ben ik niet met u eens. Verbaasd? Er zijn volgens mij verschillende overwegingen die tegen uw overtuiging pleiten, overwegingen die tegelijkertijd de conclusie nog verder staven dat Jezus Christus de mens geworden God *is*.

In de eerste plaats is het volgens mij een vergissing om te beweren dat Jezus alleen maar in de brieven van Paulus als goddelijk wordt gezien. Het is waar dat Jezus zelf nergens in de evangeliën naar voren stapt en expliciet zegt dat Hij God is. Maar Hij wordt overal gepresenteerd in termen die daar wel op neerkomen. Hij zegt dingen als: 'Wie Mij gezien heeft, heeft de Vader gezien', 'Eer Mij zoals u ook de Vader eert,' en 'Ik en de Vader zijn één.' Een rechtgeaarde rabbi uit de eerste eeuw (die alleen maar een goed mens was) zou zich nooit op deze wijze uitgedrukt hebben.

Bovendien, Jezus presenteert Zichzelf als object van geloof door voortdurend dingen te zeggen als: 'Geloof in Mij.' Overal stelt Hij dat geloven in Hem gelijk staat met geloven in God, en het verwerpen van Hem met het verwerpen van God. 'Wie in Mij gelooft, gelooft in de Vader die Mij gezonden heeft.' Zelfs in zijn prachtige 'Bergrede', waarvan vrijzinnige geleerden zeggen dat we daar 'de grote menselijke leraar' in aantreffen, komen we Jezus tegen die dingen zegt als: 'Zalig zijt gij, wanneer men u smaadt en vervolgt (...) om *Mijnentwil*'. Wie denkt Hij wel dat Hij is? Een rabbi wordt geacht te zeggen: 'Zalig zijt gij, wanneer men u smaadt en vervolgt ter wille van *God*'.

En pa, daar komt dan nog bovenop dat de discipelen Jezus met 'Here' aanspreken (*Kurios*). Dat is het Griekse equivalent van *Jahwe*, de naam van God in het Oude Testament. Bij het zien van Jezus roept de twijfelende Tomas uit: 'Mijn Here en mijn God' – en Jezus corrigeert hem niet. De discipelen en anderen *aanbidden* Jezus in de evangeliën, iets wat de Joden nooit bij iemand anders dan God zouden doen! Nee, de evangeliën geven ons een 'volledig goddelijke' Jezus.

Pa, herinnert u zich de tijd dat we samen altijd naar de Unitarische kerk gingen? Weet u nog dat die professor toen een preek heeft gehouden met als titel: 'Waarom Socrates een groter man was dan Jezus'? We waren er allebei een beetje van slag van. Hij beweerde dat Socrates een groter man was dan Jezus, omdat Socrates het beste in anderen naar boven bracht. Maar Jezus 'wekte alleen maar de indruk dat Hij goddelijk was, ja God zelf'. Het lijkt mij dat deze professor het bij het goede eind had met zijn beoordeling van de situatie (hoewel zijn conclusie verkeerd was). De evangeliën dwingen tot de keuze: óf Jezus was werkelijk goddelijk, óf Hij is geen erg goed mens. *Wij* sluiten mensen op die de dingen zeggen die Jezus gezegd heeft!

Wat dit alles nog het meest opmerkelijk maakt, pa, is dat we hier te maken hebben met Joden uit de eerste eeuw. Joden waren (en zijn) niet te vergelijken met allerlei andere oude heidense culturen. Die geloofden in vele goden, van wie er sommige naar de aarde konden komen en naar believen een menselijke gestalte aannemen. Nee, centraal in het orthodoxe Joodse geloof staat de overtuiging dat er maar één God is en dat Hij oneindig ver boven menselijke wezens staat. Als er nou íets antithetisch staat ten opzichte van hun eeuwenoude geloof, dan is het wel het geloof dat God mens werd!

En toch kom je uitgerekend die gedachte tegen op alle bladzijden van de evangeliën en de brieven van het Nieuwe Testament. Nog maar vijftien jaar nadat Jezus leefde, horen we Paulus alle christenen terloops karakteriseren als zij 'die (...) de naam van onze Here Jezus Christus aanroepen' (1 Korintiërs 1:2). Hij citeert een hymne die zich al in de kerkelijke traditie genesteld heeft, die zegt dat Jezus aan God gelijk is (Filippenzen 2). En op een aantal plaatsen noemt hij Jezus 'Here' (Jahwe) en 'God' (b.v. Romeinen 9; Titus 2).

Dit alles doet de onthutsende historische vraag rijzen: wat ter wereld kan die Joden ervan overtuigd hebben dat Jezus werkelijk de vleesgeworden God is? Wat ter wereld kan deze Joden ertoe gebracht hebben om datgene te doen wat hun hele cultuur hun verbood te doen – het aanbidden van een mens? Wat voor iemand moet Jezus geweest zijn, wat voor karakter moet Hij hebben gehad, wat voor aanspraken moet Hij hebben gemaakt, en welke ongelooflijke daden moet Hij gedaan hebben om deze orthodoxe Joden ervan te overtuigen dat Hij alles was, wat volgens hun geloof geen mens ooit kon zijn?

Volgens de evangeliën was het niet het 'weer bijkomen' van een lijk dat hen overtuigde dat Jezus de vleesgeworden God was. Nee, het was de opstanding van een mens in wie het koninkrijk van God reeds gestalte had gekregen tijdens zijn leven – in zijn liefde, zijn onderwijs en zijn kracht. Het was de opstanding van een mens die voor Zichzelf al ontstellende aanspraken had gemaakt. En het was de opstanding van een mens die *vanaf dat moment nooit meer gestorven is*. Als Jezus later toch gestorven was, dan zou daarmee de hele zaak aan scherven gegaan zijn. Maar Hij stierf niet. Hij voer op naar de hemel. (Stel dat dat niet waar is, dan moet je wel wat vragen beantwoorden: waar heeft Jezus Zich 'verborgen' gehouden in de hele periode van de vroegchristelijke kerk? Waarom en hoe zouden de discipelen gelogen hebben, om vervolgens ook nog voor hun leugens te sterven? En waarom werd die leugen nooit ontmaskerd of zelfs maar door iemand vermoed?)
Het gaat mij erom, vader, dat de opstanding en de godheid van Christus twee kanten van dezelfde medaille zijn. Waarom de discipelen het een geloofden, is net zo onverklaarbaar als waarom ze het andere geloofden – behalve als we de evangelieverslagen gewoon op hun woord aanvaarden. Eigenlijk zou ik zelfs verder willen gaan. Al hadden we de evangeliën niet gehad om ons te informeren, dan nog zouden we door speculatie hebben moeten aannemen dat Jezus het soort aanspraken gemaakt moet hebben en het soort daden gedaan moet hebben die de evangeliën aan Hem toeschrijven. Gewoon om te verklaren hoe de eerste christenen ertoe kwamen om te geloven dat Hij inderdaad helemaal was wat de brieven over Hem zeggen.
Is nu het geloof dat Jezus Gods aanwezigheid in een menselijke gestalte belichaamt een tegenstrijdigheid, zoals u oppert? Op grond waarvan valt dat vol te houden? Het zou alleen maar een tegenstrijdigheid zijn als het God-zijn per definitie het mens-zijn zou uitsluiten, en andersom. Maar weten wij, met ons beperkte verstand, genoeg over de natuur van God, of over de menselijke natuur, om die conclusie te trekken? Ik denk van niet. De enige manier waarop we de goddelijke natuur zouden kunnen kennen is via God zelf die het ons vertelt. En alle bewijs suggereert dat het juist Jezus Christus is waar dit 'vertellen' plaatsvindt.
Ik geef toe dat de vleeswording paradoxaal is, omdat we niet kunnen begrijpen *hoe* dat waar kan zijn. Maar het is niet tegenstrijdig, want het is geen onzin om het voor waar te houden. Een analogie die vaak door theologen gebruikt wordt, is dat natuurkundigen iets soortgelijks zeggen over de aard van het licht. Men kan bewijzen dat licht zowel kenmerken van golfbewegingen heeft als van deeltjes. Dat is paradoxaal, want wij kunnen ons op geen enkele manier voorstellen hoe dat tegelij-

kertijd kan. Maar aangezien het bewijs van beide kenmerken onbetwistbaar is, houden natuurkundigen vol *dat* het echt waar is.
Iets dergelijks zou je kunnen zeggen over de drie-eenheid waar u ook een vraag over hebt gesteld in uw vorige brief. Dat is niet een geloven dat een ‘deel van’ God mens was, terwijl een ander ‘deel van’ God in de hemel bleef. God is Geest en daarom kan Hij niet ‘verdeeld’ worden. Beter gezegd, dit geloof is (onder meer) het geloof dat God *volledig* bestaat als transcendente Vader, terwijl God ook *volledig* bestaat als de vleesgeworden Zoon, terwijl God ook *volledig* bestaat als Geest (die in de harten van de gelovigen woont). God bestaat, en heeft altijd bestaan, op drie verschillende manieren. Dat is kort gezegd de leer over de drie-eenheid.
Is dit tegenstrijdig? Nee, maar het is wel paradoxaal. Wij kunnen niet vatten *hoe* het waar is, maar er zijn goede gronden om te geloven *dat* het waar is. En wie zou willen beweren dat hij met zijn verstand alleen voldoende over de natuur van God weet om te zeggen dat God niet op deze wijze kan bestaan? (Sterker, in mijn boek *Trinity and Process* beweer ik dat men op strikt rationele gronden *moet* volhouden dat elk samenhangend begrip van God als autark en liefhebbend wel een soort ‘interne relationaliteit’ *moet* omvatten – en dat is precies wat de leer van de drie-eenheid zegt. Maar dat is een heel ander onderwerp.)
Van harte hoop ik dat ik uw theorie en uw vragen bevredigend beantwoord heb. Ten diepste gaat het hierom: het bewijs voor de opstanding en dat voor de godheid van Christus staan of vallen *gezamenlijk*. Er is domweg geen legitieme rationele basis voor de notie dat dit bewijs tot de conclusie leidt dat dit intrinsiek onmogelijk is.
Ik kan merken dat u het bewijs serieus neemt. Ik hoop van harte dat u dat blijft doen en tot de enige houdbare conclusie komt. Maak Jezus de Here en Redder van uw leven

Met liefde en hoop,

Greg

DEEL 3

Vragen over de Bijbel

Achttiende briefwisseling

Waarom maakt God het zo moeilijk om in Hem te geloven?

21 augustus 1990

Beste Greg,

Door de recente gebeurtenissen komt het oude probleem weer boven dat ik heb met de manier waarop God zijn zaakjes bestuurt. Neem nu die gek van een Saddam Hoessein die zomaar over het volk van Koeweit heenwalst, daarbij hun vrouwen verkracht en hun kinderen doodt, en intussen voert God niets uit. Ik weet dat je deze tegenwerping zult beantwoorden met je theologie van vrijheid en geestelijke oorlogvoering. Maar ik durf te wedden dat als je een opiniepeiling hield onder alle wereldbewoners, inclusief het grootste deel van het Iraakse volk, dat dan 99 procent er voor zou zijn om tijdelijk alle regels voor vrijheid die God gesteld heeft, links te laten liggen om die schoft zes voet onder de groene zoden te krijgen! Dat offer zal een stuk kleiner zijn, dan wanneer God dat niet gaat doen! Waarom zien wij, kleine mensen, wat God niet ziet? Waarom doet God de dingen niet een beetje democratischer?

Maar goed, dat is niet het probleem voor vandaag, want hierover hebben we het al uitgebreid gehad. Ik moet nu reageren op jouw verhaal over de opstanding en de godheid van Jezus. Ik moet opnieuw toegeven dat je argumenten erg overtuigend zijn. Ik heb in ieder geval geen goede argumenten om ertegen in te brengen. Maar eerlijk gezegd erger ik me soms aan de kracht van je argumenten. Niets lijkt meer te kloppen. Ik bedoel: ik ben helemaal niet eens in staat je argumenten te

weerleggen, maar toch brengen ze me in een positie waar ik mezelf geweld moet aandoen om ze allemaal te geloven. Hoe komt dat?
Waarom brengt God ons in een positie waar wij moeten *proberen* in Hem te geloven? Waarom speelt Hij met de mensheid, plaagt hij ons met bewijs dat genoeg is om ons verlegen te maken, terwijl Hij nooit eens naar voren stapt en duidelijk maakt wie Hij is? Wat is er zo mooi aan 'geloof' dat Hij dat liever heeft dan een *glasheldere* openbaring van Zichzelf? En áls Hij Zich dan openbaart – naar verondersteld wordt in de Bijbel – dan doet Hij zulke verdraaid bizarre dingen, dat je van iemand die er niet bij was niet mag verwachten dat hij het gelooft. En toch hangt 'verlossing' naar het schijnt hiervan af. Waarom moeten mensen om gered te worden dingen geloven en verhalen aannemen die ze onder gewone omstandigheden nooit zouden accepteren? Dat is niet echt redelijk.
Dus als ik niet in de hel wil komen, word ik geacht te geloven dat een slang met Eva heeft gepraat, dat een maagd zwanger is geworden van God, dat een walvis een profeet heeft opgeslokt, dat de Rode Zee uiteen week en meer van die gekke dingen. Nou, Greg, als God me dan zo graag wil redden, waarom maakt Hij het dan zo verrekte onmogelijk om in Hem te geloven? Hij geeft een bewijsje hier, een bewijsje daar – genoeg om ons nieuwsgierig te maken – maar dan gooit Hij al die andere bizarre dingen ertegenaan, waarvan je onmogelijk kan verwachten dat wij ze serieus nemen! Als er nu alleen maar bewijs was, of alleen maar die gekke verhalen, dan zou ik er geen probleem mee hebben. Maar die combinatie is ontzettend irritant!
Het lijkt mij dat een almachtige God de mensen stukken beter van zijn bestaan kan overtuigen dan welke evangelist ook, en zelfs stukken beter dan al jouw argumenten. Verdorie, laat Hij het met mooie en grote letters in de lucht schrijven: „Hier is je bewijs, Ed. Geloof in Mij of loop naar de hel! Hoogachtend, de Almachtige." Je zou geen middag meer nodig hebben om mij met geschiedenis te overtuigen. Ik zou meteen op m'n knieën gaan!
Het zal wel beter zijn, maar hoe overtuigender jij klinkt, hoe meer me dat lijkt te irriteren En ik kom er achter dat ik veel te veel over dit alles loop na te denken, wat erop neer komt dat ik hier erg gefrustreerd rondloop. Ik heb geen idee wat jij daaraan zou kunnen doen. Misschien moet je tegen je 'Geest', die volgens jou in mijn hart zit te klussen, zeggen dat Hij maar eens te voorschijn moet komen en zijn boodschap in de wolken moet schrijven! En anders denk ik dat ik voorbestemd ben om een geïntrigeerde maar gefrustreerde scepticus te blijven en is je optimisme over mij gedoemd om op een teleurstelling uit te lopen.

Mijn hartelijke groeten,

Pa

✍

6 september 1990

Lieve vader,

Ik denk dat ik uw antipathie tegen Saddam Hoessein wel deel, maar uw theologische conclusies over hem niet. Word gerust kwaad op Hoessein, geef hem de schuld, en geef de macht van het kwaad achter hem de schuld (maar ook die achter de VS en de andere landen die in deze kwestie zeker niet onschuldig zijn). Maar laat God erbuiten – behalve om Hem te hulp te roepen. Hij is veel kwader en bedroefder over de situatie dan een mens ooit kan zijn. Ons gevoel van morele verontwaardiging komt tenslotte bij Hem vandaan. Hij staat dus aan de kant van de rechtvaardigheid, gerechtigheid en vrede.

Het enige wat ik kan zeggen, pa, is dat als ik ooit dat vuur van u in de goede richting zou kunnen sturen, wat zou u dan een gebedskanon zijn! Wat zou ik het schitterend vinden om u even kwaad op satan te zien worden als u op God bent.

Goed, om het nu maar eens te gaan hebben over de kern van uw brief, ik wil u allereerst hartelijk danken voor uw eerlijkheid. En ook bedankt dat u mijn argumenten zo serieus neemt. Ik waardeer uw respect heel erg. Ik ervaar dat in al uw brieven. Ik heb nooit het idee gehad dat u wat ik te zeggen had bij voorbaat aan de kant schoof.

Het spijt me dat u zich over dit alles zo gefrustreerd voelt. Ik heb nergens last van. Vanuit mijn gezichtspunt is dat juist positief. Dat zoiets fundamenteels uw wereldbeeld aan het veranderen is, is natuurlijk nooit gemakkelijk – zeker niet als je dat zolang hebt gekoesterd als u. Uw verstand en zelfs uw hart worden opeens in twee verschillende richtingen tegelijk getrokken. Psychologen noemen dat 'cognitieve dissonantie'. Als het om zaken van groot gewicht gaat, is dat absoluut pijnlijk.

Dat is een schrale troost, maar ik denk wel dat ik een beetje weet hoe u zich voelt. Een poosje terug vertelde ik u over die ervaring die ik had toen ik terugliep van het astronomielaboratorium op de Universiteit van Minnesota. In mijn gedachten woedde de oorlog over het bewijs vóór en tegen het bestaan van een liefhebbende Schepper. En dat ging met wisselende intensiteit zo'n zes maanden door. Ik heb me nooit zo door en door beroerd gevoeld als toen.

Maar dat was niet de laatste keer dat ik me zo voelde. Heel mijn studententijd door zijn er momenten geweest dat mijn geloof op het spel stond. Ik moest me dan confronteren met nieuw bewijs of met nieuwe inzichten, die schenen tegen te spreken wat ik geloofde. Dan 'parkeerde' ik mijn orthodoxe geloof als het ware een poosje. Dat is dus die cognitieve dissonantie. Je zit klem tussen twee wereldbeschouwingen. Om heel eerlijk tegenover u te zijn: ik ervaar dat eigenlijk *nog steeds*, iedere keer als ik lees over gruwelijke dingen die kinderen overkomen. Als kinderen moeten lijden, vind ik dat gewoon hartverscheurend! Toen een jonge knul, Jacob Wetterling, hier vorig jaar werd ontvoerd, heb ik een poos gehad dat ik van tijd tot tijd woedend werd op God en zijn integriteit in twijfel trok. Intellectueel kan ik zulke gebeurtenissen wel plaatsen in een samenhangende theïstische wereldbeschouwing. (Het was overigens juist in dat soort perioden van worsteling dat ik tot mijn huidige wereldbeschouwing kwam – u weet wel, dat hele verhaal over die geestelijke oorlog, enz.) Maar emotioneel is het onmogelijk om zo'n nachtmerrie niet een tijdlang woedend te zijn. Voor denkende mensen moeten in een gevallen wereld als de onze wereldvisies wel botsen.

Laat u dus maar niet voor de gek houden door mijn ogenschijnlijke zekerheid in ons gesprek. Ik ben wel degelijk een overtuigd christen: in het licht van het bewijs en onder de invloed van het werk dat de Geest in mijn hart doet, kan ik niet anders. Maar geloven is evengoed nooit gemakkelijk geweest voor mij. Ik zag en hoorde mezelf praten op elke bladzij van uw vorige brief. Het christelijk geloof is geen gigantische 'antwoordmachine' (ook al heb je fundamentalisten die dat er wel van willen maken). Leven is: leven te midden van vragen en tegenstrijdige conclusies.

Wel, de vraag die u stelde in uw laatste brief is een soort 'metavraag': waarom stellen we eigenlijk vragen? Waarom is geloven zo moeilijk? Waarom laat God Zich niet duidelijker zien? Om daarop te antwoorden zou ik eerst een kader willen scheppen waarbinnen de vragen die u heeft zinnig zijn – dat wil zeggen: duidelijk maken dat het feit dat u vragen hebt zinnig is. Als de christelijke kijk op de dingen ons duidelijk kan maken waarom we hier met een dilemma te doen hebben, zijn we volgens mij een hele stap verder in de oplossing van het dilemma.

Pa, denkt u zich voor een ogenblik eens in wat er zou gebeuren als God deed wat u van Hem vroeg in uw laatste brief. Stel dat God een bericht in de wolken schreef aan iedereen persoonlijk die hier op aarde leeft. Wat zou er gebeuren als Hij schreef: 'Jezus is mijn Zoon. Geloof Hem of sterf'? Zouden alle mensen nu opeens wel hun liefde en vertrouwen aan Jezus schenken? Ik denk het niet. Toen Jezus hier op aarde was en al zijn wonderen deed, bleven zij die Hem niet wilden volgen, twijfelen. Toen de Vader vanuit de hemel sprak: 'dit is mijn geliefde Zoon', zeiden de mensen die niet wilden geloven: 'het onweert'. En zelfs toen

Jezus opstond uit de dood was er een aantal Romeinse bewakers dat daar getuige van was. En toch deden ze mee met de samenzwering van de religieuze leiders om dat feit te verdoezelen!

In het Oude Testament was het van hetzelfde laken een pak. Daar probeerde God het met de 'directe benadering', maar ook die schoot hopeloos tekort. God zond plagen over Egypte om de Israëlieten te bevrijden, maar al heel gauw twijfelden ze weer aan Hem. Hij stuurde hun regelrecht uit de hemel voedsel, maar toch bleven er nog velen opstandig. Hij leidde hen zonder ophouden, door een wolk overdag en een vuur 's nachts, maar toch bleven velen Hem verzoeken. Hij gaf hun persoonlijk – heel gedetailleerd – alle voorschriften die ze nodig hadden om in een relatie met Hem te leven (de Wet van het Oude Testament – er zijn er ruim zeshonderd van) maar ze braken ze allemaal. En zelfs als ze zich aan al die 'regels' hielden, was de Wet van het Oude Testament niet in staat te bereiken wat God wilde met de Israëlieten: een liefdevolle relatie van vertrouwen.

Daar zijn een heleboel redenen voor, denk ik, maar er zijn er vier die bij mij onmiddellijk naar boven komen. In de eerste plaats hebben verbazingwekkende gebeurtenissen zelden een blijvende indruk op ons . De indruk vervaagt in de loop van de tijd. Ik heb zelf gezien hoe God met mensen ongelooflijke dingen doet, maar in de weken, maanden en jaren na zo'n gebeurtenis verbleekt de kracht van de oorspronkelijke indruk. Juist omdat hij buitengewoon is, lijkt ons verstand zich die gebeurtenis meer als een droom te herinneren dan als een waar gebeurd feit. Het heeft geen blijvende invloed op ons leven. Als iemand zijn geloof zou baseren op wonderen, dan had hij een constant dieet nodig. Maar dan houdt het wonder op wonderlijk te zijn. (Het draait er bij zulke mensen op uit dat ze bedrogen worden, iets wat gebeurt bij het merendeel van die gebedsgenezers op tv.)

Dus zelfs als God Zich tot iedereen zou richten met een boodschap in de wolken, dan zouden velen zich op dat moment misschien bekeren, maar het uiteindelijke resultaat zou vermoedelijk nul komma nul zijn.

In de tweede plaats is er bijna niets wat niet op meer dan één manier verklaard kan worden. De wolk die zegt: 'geloof in mijn Zoon', zou een merkwaardige wolkenformatie kunnen zijn, een vervalsing, een demon, een hallucinatie. De stem die hetzelfde zegt, zou de donder kunnen zijn. De wonderen van Jezus zouden trucs kunnen zijn, een samenloop van omstandigheden, of, zoals de religieuze leiders in die tijd wel dachten, demonische activiteit. Alles kan altijd wegverklaard worden. Hoe is de aarde ontstaan? Misschien door een 'big bang'! Hoe komt het dat mensen zich van zichzelf bewust zijn, in staat tot vrijheid, tot liefde, enz.? Gewoon complexe chemische stoffen in beweging! Zulke verklaringen hoeven niet juist te zijn, maar alleen mógelijk... en soms zelfs dat niet eens! Hoe kwamen de discipelen tot het geloof dat Jezus de tegenwoordigheid van God belichaamde? Voor sommigen is élk antwoord voldoende.

In de derde plaats zijn goddelijke dingen niet zo duidelijk in deze wereld als ze hadden kunnen zijn, omdat onze wereld gevangen zit in het kruisvuur van een kosmische geestelijke oorlog, zoals ik al eerder aangevoerd heb. Er is een vijand die het gemunt heeft op menselijke zielen. Hij gebruikt zijn verwoestende kracht om de ogen en oren van de mensen 'met blindheid te slaan' (2 Korintiërs 4:4). Er is dus bewijs van het bestaan van het goede, maar ook van het bestaan van het kwade. En dat vertroebelt alles. En soms, als de dingen niet 'duidelijk' zijn voor de mensen, dan komt dat niet doordat de kwestie zelf onduidelijk is, maar doordat hun verstand vertroebeld is, bedrogen door de wil van demonische machten of door hun eigen, tot het kwade geneigde, vrije wil. God kan schreeuwen zo hard als Hij wil, maar de mensen sluiten hun oren toe en roepen uit: 'Waarom zegt God niets?'

En ten slotte: zelfs als Gods 'directe benadering' *lijkt* te werken, is dat toch niet zo. Want God verlangt een liefhebbende relatie van vertrouwen met ons. Met dat doel zijn we geschapen. Maar krijg je die door de Rode Zee te splijten? Wordt die tot stand gebracht door vanuit de wolken te spreken? Helpt het om de aarde te openen en de goddelozen te verzwelgen? God heeft dat allemaal geprobeerd, maar het werkte niet. Op zijn best komen de mensen zo tot onderwerping doordat ze met stomheid geslagen zijn of doodsbang (en dat dan ook nog maar tijdelijk). Gehoorzaamheid kan erdoor afgedwongen worden. Gedrag kan er tijdelijk door worden veranderd – tot en met de van angst vervulde woorden: 'Ik houd van U'. *Maar die manier brengt geen liefde teweeg.* Als God al onze gebeden overduidelijk verhoorde, als Hij een geest in een fles was die al onze wensen vervulde, dan zou dat alleen maar betekenen dat we Hem *gebruikten*, niet dat we Hem *liefhadden*. Dan zou Hij, zoals ik al eens eerder gezegd heb, alleen maar een 'kosmische automaat' zijn. En Hij zou een wereld vol verwende, liefdeloze kinderen aan zijn machine hebben hangen.

Voor liefde moet je kiezen. Het moet een vrije keus zijn en het moet uit je hart komen, zonder motieven van buitenaf. Maar, eerlijk gezegd, is het voor een almachtige God heel moeilijk om zich zo te gedragen dat een liefde met al deze kwaliteiten kan ontstaan. Als Hij gebruik maakt van de 'directe aanpak' – in die mate dat een andere verklaring niet meer mogelijk is (als je dat al voor elkaar zou krijgen), en Hij dat maar vaak genoeg doet zodat het in onze herinnering niet vervaagt – dan zou Hij er alleen maar in slagen ons achterover te laten vallen van verbazing of ons te kapot te verwennen met zijn 'magie'.

Daarom besluit God tot de gulden middenweg. Dat wil zeggen: Hij is aanwezig genoeg voor degenen die Hem willen ervaren om Hem ook te kunnen ervaren. Maar ook is Hij afwezig genoeg voor degenen die Hem niet willen ervaren om daar niet toe gedwongen te worden. En in zekere zin hebben ze werkelijk gelijk met hun klacht over Gods afwezigheid! God openbaart Zich duidelijk genoeg, zodat degenen die Hem *willen* zien, Hem kunnen zien. Maar Hij is ook verborgen genoeg, zodat degenen die Hem niet willen zien Hem kunnen ontlopen – en zo in zekere zin gelijk hebben met hun klacht over zijn verborgenheid. Liefde vereist zowel zichtbaarheid als verborgenheid.

Blaise Pascal zegt het zo: 'God geeft licht genoeg om de uitverkorenen te verlichten, maar ook voldoende duisternis om de verworpenen te verblinden.' Heel zijn boek *Pensées* (Gedachten) gaat over dit onderwerp. Het is zeer de moeite waard om te lezen. Het is briljant.

Of u het nu uit de lengte of uit de breedte neemt, pa, het geloof is meer dan een historische hypothese. Het is ook een beslissing, een morele beslissing. De vraag is niet alleen: 'Begrijp je rationeel waarom je *moet* geloven?', maar ook: '*Wil* je geloven?' Er is genoeg degelijk bewijs voor ieder die wil geloven, maar je moet wel voldoende geloof hebben om het een morele keus te laten zijn en geen gedwongen beslissing. God verlangt geloof, omdat Hij de liefde zoekt van verantwoordelijke mensen en geen afgedwongen gedrag van robots.

Ik heb nu niet precies antwoord gegeven op uw vraag over al die bizarre verhalen in de Bijbel, maar ik geloof dat ik dat voor het moment liever laat rusten omdat het hier niet centraal staat. Hoe belangrijk die kwesties ook mogen zijn, onze verlossing heeft niet te maken met geloven in een sprekende slang die een vrouw bedriegt, of in een reusachtige vis die een man verzwelgt of in een zee die doormidden splijt. Het gaat erom of u de noodzaak van de Verlosser, de Here Jezus Christus, erkent. Veel van het bijbelse materiaal begint pas betekenis te krijgen nadat je hart door de Here is aangeraakt.

Als u het kunt opbrengen, 'parkeer' dan uw oordeel over deze dingen nog een poosje en overweeg uitvoerig de kwestie van de heerschappij van Christus, zijn godheid, zijn leven en zijn opstanding. Het bewijs is onweerlegbaar – maar het dwingt u *niet*. Er moet nog een besluit genomen worden. Ik bid dat u dat doet.

Veel liefs,

Greg

Negentiende briefwisseling

Waarom is volgens jou de Bijbel geïnspireerd?

27 september 1990

Beste Greg,

Ik ben bang dat ik mijn oordeel over al die verhalen in de Bijbel onmogelijk kan 'parkeren'. Voor mij staat of valt het christelijk geloof in zijn totaliteit. De onderdelen zijn niet los verkrijgbaar. Je kunt niet van me vragen dat ik alléén je sterke argumenten in overweging neem en voorbijga aan het materiaal waar je verlegen mee bent. Voor mij geldt dat geloven dat Jezus de Redder van de wereld is hand in hand gaat met geloven in een boek waar hier en daar heel vreemde verhalen in staan. Problemen met het boek zijn daarom ook problemen met de Verlosser. Dus ik vraag je nog eens om hier een antwoord op te geven: hoe kan er nu van iemand verwacht worden dat hij gelooft dat een slang gesproken heeft, dat een man werd verzwolgen door een walvis, dat het blad van een bijl bleef drijven, dat een geweldige zee in tweeën spleet, dat een man sterker werd naarmate zijn haar langer werd en nog meer van dergelijke nonsens? Hoe kun je nu van iemand verwachten dat hij gelooft dat dat allemaal letterlijk het 'Woord van God' is? Als je zulke dingen in een ander boek zou lezen, zou je je geen twee keer bedenken! Ik herinner me deze dingen allemaal vooral omdat ik rooms-katholiek geweest ben. Ik vond ze toen ook al verwarrend, zelfs toen ik nog 'probeerde' te geloven.

Dus ook al is alles wat je zegt over wie Jezus was inderdaad fascinerend, beschouw ik al die andere onzin in de Bijbel als een bewijs contra. Genoeg voor deze keer.

Liefs, als altijd,

Pa

✍

13 oktober 1990

Gegroet, mijn sceptische vader,

Mijn grote hardloopwedstrijd is al over drie weken. Ik ben er helemaal klaar voor! Morgen ga ik met een vriend meedoen met de Twin Cities-marathon, zo'n 35 kilometer, als opwarmertje. Daarna ga ik het tot aan de wedstrijd rustig aan doen. Ik houd u op de hoogte hoe het gaat!

Goed, u staat er dus op dat we alle raadsels uit de Bijbel bespreken. De reden om u te vragen uw oordeel over dit materiaal te parkeren was niet omdat dat mij in verlegenheid zou brengen, maar alleen omdat die puzzels geen centrale plaats innemen in het christelijk geloof. Het maakt geen deel uit van de relatie met God waardoor een mens weer heel wordt. Want *dat* is de hartslag van het christelijk geloof. De kwestie van wie Jezus is, staat, en daar blijf ik bij, volkomen op zichzelf. De inspiratie van de Bijbel is een andere, ondergeschikte zaak. De reden dat ik dit blijf verdedigen is deze: voor mij is de krachtigste reden om de Bijbel als 'het Woord van God' te geloven om te beginnen het *resultaat* van het feit dat ik *reeds* geloof dat Jezus Christus Heer is. Laat me dat uitleggen.

Verschillende keren tijdens mijn nogal 'vrijzinnige' opvoeding was ik er, net als u, toe geneigd om de Bijbel alleen maar te zien als een menselijk boek. Sommige verhalen behoren, dat geef ik toe, tot het soort dat je gewoonlijk beschouwt als verzonnen wanneer je ze in welk ander boek dan ook zou lezen. Ik had ook te maken met teksten die ik niet kon verklaren, schijnbare tegenstellingen, archeologische discrepanties, enz. Maar ik kwam steeds weer terug bij het geloof dat de Bijbel Gods Woord is, niet omdat ik uiteindelijk alle problemen op kon lossen, maar omdat alleen dit geloof in overeenstemming is met het geloof dat Jezus de almachtige God is in mensengedaante.

Mijn denken loopt langs deze lijnen, pa. Op grond van redenen die ik in vorige brieven al gegeven heb, ben ik ervan overtuigd dat de evangeliën ons een behoorlijk betrouwbaar historisch portret schetsen van Jezus, en dat Jezus Christus de vleesgeworden God is. Dat brengt met zich mee, naar het mij voorkomt, dat Hij geen fouten maakt, tenminste niet als Hij onderricht geeft over de hoofdzaken omtrent God.

Maar als er over de leer van Jezus *iets* als een paal boven water staat, dan is het wel dat Hij duidelijk geloofde dat het Oude Testament het Woord van God is. Deze overtuiging kom je in heel zijn leer tegen. Hij baseert er ook zijn zelfbegrip op. Wat meer is, Jezus geeft zijn discipelen duidelijk de opdracht om met hetzelfde gezag te leren als Hijzelf deed. Hij beloofde dat de Heilige Geest op hen zou komen om hen te helpen zich te binnen te brengen wat Hij had gezegd en gedaan, om hen te helpen uit te leggen wie Hij was en om hen te helpen op zo'n manier te spreken en te schrijven, dat anderen in Hem zouden gaan geloven door hun getuigenis (Johannes 14-16). Nog eens, ik probeer niet de Bijbel te bewijzen door hem te citeren. Ik behandel de evangeliën alleen maar als 'ten diepste betrouwbare' documenten.

Dus ook al had ik bij tijden een hoop moeite de Bijbel te snappen, ik kwam toch altijd weer terug bij dit dilemma: hoe kan ik Jezus nu 'Here' noemen en Hem vervolgens corrigeren op zo'n centraal punt in zijn theologie? Ik mag dan veel van het bijbelse materiaal niet begrijpen, maar ik ben er wel van overtuigd dat ik om deze reden mijn eigen verstand nog niet mag stellen boven het gezag van Jezus.

Dit is in het kort waarom ik zou willen dat u het Heer-zijn van Christus overweegt op basis van het bewijs dat ik u gegeven heb, lós van mijn bekwaamheid (of het gebrek daaraan) om de duistere plaatsen in de Bijbel verklaren. Op elk gebied vordert de kennis van het bekende naar het onbekende, van het duidelijke naar het onduidelijke. Ik vraag u te beginnen bij wat duidelijk is (het Heer-zijn van Jezus) en *vervolgens* toe te werken naar het begrijpen van het onduidelijke (de Bijbel).

Het bewijs voor het Heer-zijn van Christus is voor mij de meest dwingende reden om de Bijbel als Gods Woord te aanvaarden. Maar het is niet mijn enige reden. Laat me u er nog een paar geven.

In de eerste plaats bevat de Bijbel aardig wat vervulde profetieën, wat alleen maar verklaarbaar is als je ervan uitgaat dat dit boek Gods Woord is. Je komt bijvoorbeeld door al de verhalen van het Oude Testament heen profetieën tegen over de komst van Christus, profetieën die in het Nieuwe Testament vervuld worden. Zo voorzegt het Oude Testament, om een paar voorbeelden te geven, dat Betlehem zijn geboorteplaats is (Numeri 24:17, 19; Micha 5:1, en andere plaatsen); zijn afstamming van Abraham, Isaak, Jakob en David (Genesis 12:3; 21:12; 2 Samuël 7:13); zijn voorloper Johannes de Doper (Jesaja 40:3; Maleachi 3:1); zijn plaatsvervangend lijden en zijn dood (Jesaja 53);

zijn kruisiging, voordat kruisigen een bestaande manier van executeren was (Psalm 22:17; Zacharia 12:10); zijn executie te midden van gewone misdadigers (Jesaja 53:9, 12); en zijn godheid (Jesaja 9:5; Jeremia 23:6; Micha 5:1; enzovoort). Hoe kun je zoiets verklaren? Dat valt op geen enkele manier met 'toeval' te verklaren.

En wat meer is: er staan in de Schrift tal van vervulde profetieën over andere zaken. Laat me u daarvan een opmerkelijk voorbeeld geven. De stad Tyrus was een bloeiende havenstad in de tijd van Ezechiël (ca. 580 voor Chr.). Door inspiratie geleid profeteert Ezechiël een aantal dingen over deze haven, die niemand in die tijd ooit gewoon vermoed kan hebben door ernaar te kijken. Hij profeteert dat Nebukadnessar II, een Babylonische koning, de stad zou vernietigen (Ezechiël 26:8), wat, na een beleg van dertien jaar, inderdaad uiteindelijk in vervulling is gegaan.

Verder profeteert Ezechiël dat vele landen oorlog zouden voeren met Tyrus (26:3), iets wat in de volgende eeuwen voortdurend in vervulling ging. Vervolgens meldt hij, heel opmerkelijk, dat de stad ten slotte volkomen verwoest zou worden, 'vlak als een rots' gemaakt zou worden, dat vissers hun netten zouden uitspreiden over de plaats waar zij placht te regeren en dat ze nooit meer herbouwd zou worden (Ezechiël 26:4-21). Wie zou dat hebben kunnen raden? Toch werd dit alles in de eeuwen erna precies zo vervuld.

Sterker, Ezechiël zegt zelfs dat het puin van deze stad in zee geschoven zou worden (26:12). Wat een vreemde voorspelling is dat over een stad, laat staan over een bloeiende metropool als Tyrus. Maar een paar honderd jaar na deze profetie wordt het toch tot in detail vervuld. Alexander de Grote belegerde de stad. De inwoners vluchtten naar een eiland een eindje uit de kust (dat nog tot hun territorium behoorde). Alexander kon het niet aanvallen met een vloot. Daarom schoof hij het puin van de stad de zee in en maakte op die manier een dijk erheen. Dat is een van de redenen waarom het er zo vlak is! Vandaag zijn er op de plaats waar de oude stad lag alleen maar een paar kleine vissersdorpjes, waar vissers, zoals voorspeld, hun netten uithangen over de platte rotsen om ze te drogen. De stad zelf ligt ergens in de Middellandse Zee!

Dat is een behoorlijk indrukwekkende profetie, dacht ik zo, pa. En er staan nog een heleboel soortgelijke profetieën in de Bijbel. Wekt dat niet de indruk dat er hier sprake is van meer dan menselijk auteurschap?

Er zijn nog andere redenen om vast te houden aan de Bijbel als een geïnspireerd boek, ondanks sommige 'lastige delen'. Zoals ik een tijdje geleden al zei, heeft de Bijbel keer op keer bewezen archeologisch accuraat te zijn. Zelfs *Time*-magazine (december 1974) meldt in een artikel over bijbelse archeologie dat 'de bijbel dikwijls verrassend accuraat is als het gaat over historische bijzonderheden, veel meer dan vroegere generaties geleerden ooit vermoed hebben.' En het artikel besluit met de uitspraak: 'Na meer dan tweehonderd jaar onder schot gelegen te hebben van de zwaarste wetenschappelijke wapens die er maar ingezet konden worden, heeft de Bijbel dat overleefd – en is misschien wel beter af dankzij dat beleg.' Er is geen enkel ander oud werk waarvan dat gezegd kan worden.

Er is ook een eenheid in de Bijbel, pa, die alle naturalistische verklaringen trotseert. Van Genesis tot Openbaring vinden we het gemeenschappelijke en verenigende thema van God die de mensheid najaagt met zijn liefde en van de weerstand van de mensheid tegen Hem. Ondanks een ongelooflijke verscheidenheid aan auteurs, gezichtspunten, culturen, omstandigheden, tijden, wereldbeschouwingen en literaire genres, verenigt de Bijbel dat alles tot één groot lied over verlossing. De diversiteit van de Schrift getuigt van de diversiteit van het menselijk auteurschap. Zou de overkoepelende eenheid van de Schrift niet op dezelfde manier getuigen van één allesomvattend goddelijk Auteurschap?

En ten slotte is er de ervaring van de inspiratie van de Schrift, een ervaring waarvan door christenen uit alle eeuwen is getuigd. Voor iemand die de transformerende kracht van de boodschap van deze 'bibliotheek' ervaren heeft, stellen de 'lastige delen' van de Schrift maar weinig voor. Jezus vertelde eens een gelijkenis over een man die een parel in een akker vond en dus op pad ging en de hele akker kocht om die parel te bemachtigen. Iets soortgelijks geldt ook voor de Schrift. Het thema van verlossing, en de Christus die zij aanbiedt, heeft mijn leven veranderd – en doet dat nog steeds. Het is voor mij heel gewoon om 'de hele handel' te kopen. Aan sommige gedeelten kan ik, net als u, geen touw vastknopen, maar de ervaring van die verandering in mijn leven en het degelijke bewijs die allebei de inspiratie ondersteunen, zijn domweg te sterk om door deze af en toe voorkomende verbijstering teniet gedaan te worden.

Denk erover na, pa. Of nog beter: ga het eens lezen en praat met de Auteur ervan terwijl u ermee bezig bent. Wat hebt u te verliezen?

Liefs als altijd,

Greg

Twintigste briefwisseling

Staat de Bijbel niet vol met mythen en met Gods wraak?

30 oktober 1990

Beste Greg,

Tegen de tijd dat je deze brief krijgt heb je je hardloopwedstrijd achter de rug. Ik hoop dat het goed gegaan is, voor zover dat kan bij honderd kilometer hardlopen! Als het kon, zou ik je mijn bubbelbad sturen om na afloop lekker in te kunnen bijkomen, maar ik vrees dat daar geen sprake van kan zijn. Waarom plak je er niet een paar kilometer aan vast en finish je bij ons thuis?

Een paar brieven terug had je het over 'cognitieve dissonantie' en dat is nu precies waar ik last van heb. Je geeft me de best denkbare redenen om de meest ondenkbare dingen te geloven! Een Jood uit de eerste eeuw staat op uit de dood en is God. Een boek dat mij wijsmaakt dat een walvis een man verslindt, is Gods Woord. Wie kan dat nu geloven? Maar wie zou het *niet* kunnen geloven met de argumenten die jij daarvoor hebt? Ik krijg er hoofdpijn van!

Help me uit dat dilemma te komen. Je geeft heel goede bewijzen om de Bijbel te geloven, maar de Bijbel is gewoon te bizar om te geloven. Neem je alles voor letterlijk waar aan? Geloof je echt dat elk woord onfeilbaar is? Zeg het me recht in m'n gezicht, Greg. Geloof je echt in dat verhaal over die pratende slang? Neem je al die nonsens serieus?

En dan heb ik nog een probleem. Je hebt het de hele tijd over de liefde van God, enz. Maar de God die ik me herinner uit het Oude Testament lijkt daar in ieder geval niet op! Vernietigde Hij niet de hele planeet met

behulp van een zondvloed? Hij heeft nogal een humeur, zeg! En gaf Hij geen bevel om de Kanaänieten uit te roeien – inclusief vrouwen en kinderen? En verbrandde Hij Sodom en Gomorra niet tot as? Dat lijkt helemaal niet op jouw God die liefde is.
En ten slotte heb ik nog dit probleem. Ik weet er wel niet veel van, maar ik heb gehoord dat geen van de schrijvers van de boeken van het Oude Testament degene is die hij volgens die boeken moet zijn. Ik heb gehoord dat een stelletje verschillende mensen de 'vijf boeken van Mozes' hebben geschreven, dat Salomo nooit alle Spreuken geschreven kan hebben, enz. Maar een tijdje later bundelde dan iemand het hele spul en schreef het allemaal toe aan deze figuren. Dus als Jezus dacht dat het Oude Testament het Woord van God was, zat Hij er misschien toch naast! Dus misschien had Hij het ook wel bij het verkeerde eind toen Hij voor Zichzelf aanspraak maakte op goddelijkheid. Of de discipelen hadden het mis toen ze zeiden dat Hij dat deed. En dan is Hij misschien wel helemaal niet uit de dood opgestaan! (Maar ja, wat moet ik dan met het bewijs?) Of misschien zijn we eeuwen geleden het spoor al wel bijster geraakt toen we dachten dat God echt een persoonlijke God was! Aha!
Zoals je ik al zei toen we begonnen met deze hele correspondentie: ik weet helemaal niet wat ik geloof. Ik heb alleen maar vragen.

In oprechte verwarring,

Vader

✍

6 november 1990

Beste vader,

Ik heb pijn. En niet een beetje. Ik kan net weer zo'n beetje rechtop lopen. Ik heb vier zwarte teennagels. Tijdens de wedstrijd is er eentje zo ongeveer ontploft. Mijn schoen is meer rood dan wit op het ogenblik. En dan mijn knieën, mijn arme, arme knieën! Ik zweer het, ik zal nooit meer zoiets idioots doen (tot volgend jaar?).
Maar ik heb het behoorlijk gedaan en geloof het of niet, het was een schitterende ervaring. Krijg je daar 'cognitieve dissonantie' van? Tegen het einde van dit soort wedstrijden voel ik me altijd dicht bij God op een manier die ik op geen enkele andere manier bereik (waarschijnlijk

omdat ik dan zo dicht bij de dood ben!) Ik finishte als zevende Amerikaan en als drieëntwintigste van het hele veld. Als je bedenkt dat dit een wereldkampioenschap was, ben ik daar erg blij mee.
De condities waren erg gunstig voor mij, omdat we de hele wedstrijd tegen 'een machtige stormwind' in moesten lopen – met windstoten tot 55 kilometer per uur! Dat maakte korte metten met veel van de lichter gebouwde hardlopers van wereldklasse, maar was voor mijn (veel) zwaardere postuur juist een voordeel. Als het weer beter was geweest, zou ik het veel moeilijker hebben gehad.

Goed, laten we het maar eens over belangrijker zaken gaan hebben. Inderdaad, pa, ik neem de hele Bijbel serieus. Wat moet ik anders als Jezus Christus mijn Heer is? Hij nam de Schrift serieus en dus moet ik dat ook. Ik ben daarom bereid om verhalen te geloven die ik anders niet zou aanvaarden. Maar er zijn wel een paar overwegingen die dat wat minder moeilijk maken.
Bedenk in de eerste plaats dat de mensheid zich vroeger in heel andere omstandigheden bevond dan wij tegenwoordig. Vandaar dat Gods manier van werken toen ook heel anders was dan nu. Als er geen fossielen waren, zou ik het knap moeilijk vinden om te geloven dat de aarde ooit bewoond werd door schepsels die zo hoog waren als kolossale gebouwen – omdat ik zoiets nog nooit gezien heb. En al dat dinosaurusgepraat klinkt als een film over King Kong. Maar omdat het bewijs er ligt, geloof ik het. Met de Bijbel is het precies zo. Normaal gesproken kom je tegenwoordig het soort vreemde en wonderlijke activiteiten waarover de Bijbel ons vertelt niet tegen. Maar als het bewijs aangeeft dat iets feitelijk wel heeft plaatsgehad, als we redenen hebben om dat aan te nemen, waarom zouden we dat dan niet doen? Ik beweer dat de opstanding van Christus, de archeologie, de profetieën, enz. nu juist die redenen zijn.
Bedenk in de tweede plaats dat de verhalen in de Bijbel selectief van aard zijn. Juist omdat ze ongebruikelijk zijn, staan ze in de Bijbel. God heeft de Rode Zee doen splijten – *één keer*. God heeft op een wel heel uitzonderlijke manier gehandeld met Simson – *één keer*. Hij maakte een reusachtige vis op maat (de Bijbel zegt niet 'walvis') om een rebelse profeet te verzwelgen – *één keer*. Als je naar het totaalbeeld van de geschiedenis kijkt, zijn de spectaculaire daden van Jahwe in het Oude Testament zeldzaam. Maar ze staan allemaal bij elkaar in één bibliotheek die Bijbel heet en daarom lijkt het, wanneer we dat lezen, alsof die dingen de hele tijd gebeurden.
In de derde plaats zie ik, zoals ik in een eerdere brief al aangaf, geen reden waarom God Zich zou moeten beperken tot het genre van letterlijke geschiedschrijving om Zichzelf aan ons te openbaren. Er is geen

reden waarom bepaalde delen van de Schrift geen symbolische elementen zouden kunnen bevatten. Als het gebruik van literaire genres als mythe of allegorie beter zouden uitdrukken wat God probeert duidelijk te maken, wat zou Hem daarvan dan weerhouden? Niets toch?
En dus, pa, als u de Bijbel serieus neemt, hoeft dat niet noodzakelijk te betekenen dat u alles *letterlijk* moet opvatten. Dat is geen nieuw inzicht dat bij mij vandaan komt. Heel de kerkgeschiedenis door hebben zekere christelijke voormannen geopperd dat bepaalde elementen van de Schrift wel eens niet bedoeld konden zijn om letterlijk genomen te worden. Misschien was de pratende slang een literaire stijlfiguur die door de Auteur werd gebruikt om satan te vertegenwoordigen, zoals sommige uitleggers hebben voorgesteld. Misschien staat de verboden vrucht wel model voor de verleiding.
In bijbelse tijden waren de auteurs niet zo verliefd op 'letterlijke feiten' als moderne schrijvers dat geneigd zijn. Regelmatig weefden ze historie en allegorie of historie en mythe door elkaar om een kwestie duidelijk te maken. Ezechiël 19 is daar een mooi voorbeeld van. De auteur vertelt ons echte geschiedenis, maar hij doet dat door gebruik te maken van symboliek. Het uiteindelijke resultaat is een verhaal met een letterlijke toespitsing die je serieus op moet vatten als geschiedenis, maar die niet op alle onderdelen letterlijk verstaan moet worden. De gedachte dat de Bijbel voor honderd procent letterlijk is als hij voor honderd procent geïnspireerd is, is een heel recente en nogal misplaatste gedachte.
Maar onmiddellijk komt dan in ons scherpslijperige moderne verstand de vraag op: hoe kun je dan onderscheid maken tussen wat letterlijk en wat symbolisch is? Het was juist de angst voor deze vraag die de fundamentalisten aan het begin van de vorige eeuw bracht tot het ten onrechte vasthouden aan de stelling dat alles in de Bijbel letterlijk waar moet zijn (hoewel zelfs zij bepaalde passages figuurlijk opvatten, zoals over God die veren heeft, of die vuur uit zijn neus blaast, dingen die de Bijbel toch ook zegt). Het is een moeilijke vraag, maar een waar weinig van afhangt. Het is allemaal Gods Woord en moet daarom serieus genomen worden. De vraag zelf moet beslist worden op basis van een grondige literaire analyse van de tekst: wat *bedoelde* de auteur te zeggen? En zelfs de deskundigen zijn het niet eens. Maar nogmaals: er hangt niet veel van af.
Dus, pa, als u moeite hebt met een sprekende slang, laat dat probleem u niet afbrengen van het punt waar het om draait. Want het punt is niet of de slang gesproken heeft. Waar het om draait is dat Eva bezweek voor een leugen over wie God was en wie zij zelf was. Daarom dacht ze dat ze haar lot kon verbeteren door iets wat zij deed. Daarmee hield ze op tevreden te zijn met zichzelf zoals God haar geschapen had. Gods

genade was niet genoeg. Dat is de kern van het verhaal en dat is de essentie van alle zonde tot op de dag van vandaag. Dit is een ongelooflijk diepzinnig verhaal! Of de slang nu letterlijk of symbolisch genomen moet worden maakt voor de kern van het verhaal helemaal niets uit!

Wat de wraak van God in het Oude Testament betreft: ik moet toegeven dat ik dat, net als u, behoorlijk verbijsterend vind. Maar het helpt me als ik de dingen in het juiste perspectief probeer te plaatsen. In de eerste plaats is het, zoals ik al eerder heb gezegd, altijd het beste om van het bekende naar het onbekende toe te werken. Jezus Christus is de Persoon in wie God Zich *volledig* openbaart. Dit moet volgens mij de zuiverste omschrijving van God zijn. Wat God verder ook mag zijn, Hij kan niet anders zijn dan de God die ik hier tegenkom. Jezus zegt: 'Wie Mij gezien heeft, heeft de Vader gezien' (Johannes 14). Als er iets in de Schrift is dat dat lijkt tegen te spreken, dan moet ik mijn onwetendheid erkennen en mijn oordeel opschorten. Ik weet niet altijd waarom God deed wat Hij deed in het Oude Testament. Maar aangezien ik op andere gronden weet dat God liefde is en volkomen wijs, moet ik gewoon vertrouwen dat Hij wijze en liefdevolle redenen had om te doen wat Hij deed.

In de tweede plaats moeten we bij het lezen van het Oude Testament steeds bedenken, dat we met een totaal andere wereld dan de onze te maken hebben. We vinden het al moeilijk ons de manier van denken voor te stellen van de mensen in de oudheid. Die is net zo verschillend van de onze als de manier van denken van de meest primitieve aboriginals dat is. Het was een uiterst gewelddadige, door rauwe macht beheerste wereld, waar het recht van de sterkste gold (misschien toch niet eens zo heel verschillend van de onze). Een mensenleven was weinig waard.

De Kanaänieten hadden bijvoorbeeld de gewoonte om pasgeboren baby's ritueel te offeren door ze levend te verbranden. Het schijnt dat ze ook een 'religieus' ritueel opvoerden door de benen van een vrouw die aan het bevallen was aan elkaar te binden en haar zo te laten liggen totdat ze gestorven was! In deze culturen spietste men soms de overwonnenen op palen en vierde men overwinningen door de kleine kinderen van hun onderdanen met hun hoofd tegen de rotsen te verbrijzelen!

Dus misschien is een van de redenen dat God geweld moest gebruiken in het Oude Testament wel het feit dat geweld de enige manier was om te bereiken wat Hij wilde bereiken. In de hitte van de strijd spreken alleen bommen duidelijke taal!

Een andere mogelijke reden is deze: misschien is onder bepaalde omstandigheden de dood van bepaalde mensen van twee kwaden de minste. Wij vinden toch ook de dood soms te verkiezen boven het leven? Als je zo Gods universele perspectief beziet, dan moet je niet alleen vragen welke van de twee kwaden de minste is voor de betrokken personen, maar ook welke de minste is voor de hele wereld door de hele geschiedenis heen. God heeft een plan met heel de geschiedenis. Gegeven de barbaarse toestand waarin deze in zonde gevallen wereld verkeert, is de dood van grote groepen mensen soms verkieslijker dan dat zulke groepen (namelijk de Kanaänieten) Gods grote plan van verlossing vijandig tegenwerken. (Sterker, de weinige Kanaänieten die in leven bleven omdat Israël naliet hen uit te roeien, hebben later voor ongelooflijke moeilijkheden gezorgd!)

Nog één laatste gedachte hierover. Als je gelooft in een leven na dit leven, zoals ik, dan is de dood van de Kanaänieten eigenlijk helemaal niet het einde van hun leven. Het kon wel eens juist het begin zijn van een eeuwig leven met God. Wat God uit historische overwegingen doet, is niet noodzakelijk een indicatie van hoe God de mensen voor eeuwig oordeelt. In dat licht kan de dood van bepaalde Kanaänitische mensen, vooral van de kinderen onder hen, gezien worden als een daad van genade. Misschien is hun zo een hels leven bespaard (waarschijnlijk ook na dit leven), dat hen ten deel gevallen zou zijn als ze volwassen waren geworden. Dat mag ongevoelig lijken (zo voel ik het ook terwijl ik het schrijf), maar dat is dan alleen maar zo vanuit het perspectief van 'deze wereld'.

Iets dergelijks kan vermoedelijk gezegd worden over de zondvloed. De mensheid werd onvoorstelbaar zondig. 'Al de overleggingen van hun hart waren alleen maar boos', zegt de Bijbel. De mensheid was als de Kanaänieten, maar dan wereldwijd. Stelt u zich dat eens voor! God had er zoveel berouw van, zegt de Schrift, dat Hij bijna wenste dat Hij nooit mensen geschapen had. Maar in plaats van de zaak maar helemaal in de steek te laten, vond Hij één persoon die de moeite van het redden waard was: Noach. Hij besloot de mensheid te herscheppen door hem als het ware als de nieuwe Adam te gebruiken. In zekere zin kun je zeggen dat als bestaan erger is dan niet bestaan, God gewoon de gave van het bestaan terugneemt. Dat is wat God deed door de zondvloed. God was bereid tot dat uiterste te gaan om zijn plan te voltooien: om uiteindelijk een volk te hebben dat zijn eeuwige liefde en vreugde zou delen en weerspiegelen.

Laat ik ten slotte een kort antwoord geven op de vragen die u heeft over het auteurschap van het Oude Testament. Ik zou opnieuw volhouden, pa, dat dit van weinig of geen betekenis is voor de inspiratie van de Bijbel. Ik voor mij ben van mening dat de bewijzen Mozes als de voornaamste auteur van de eerste vijf boeken van de Bijbel aanwijzen, maar het lijkt ook duidelijk dat hij bronnen gebruikt heeft van vroeger datum (zoals dat ook het geval is bij de auteurs van de evangeliën), en ook dat er op een later tijdstip materiaal aan zijn werk is toegevoegd.

Maar wat hangt hier nu helemaal van af? Wat zou het als Mozes alleen maar een figuur is aan wie het hele werk wordt toegeschreven? Maakt dat dat Jezus dwaalt als Hij de traditie volgt en verwijst naar 'de vijf boeken van Mozes'? Ik geloof er niets van. Hetzelfde geldt voor de Spreuken, de Psalmen en welk boek u maar wilt. Niemand gelooft dat Salomo elke afzonderlijke spreuk eigenhandig geschreven heeft in de verzameling die *Spreuken* is gaan heten. Maar hij is het traditionele boegbeeld voor de oude Semitische wijsheidsliteratuur en dus wordt het werk collectief aan hem toegeschreven. Zo is het ook met David en de Psalmen. Sommige psalmen vermelden zelfs expliciet een andere auteur dan David. Maar er wordt naar het werk als geheel verwezen als 'de Psalmen van David', omdat hij het traditionele boegbeeld is van de oude Semitische psalmdichting.

Ik hoop dat dit het allemaal een beetje verheldert, pa. Het lijkt me dat een groot deel van uw problemen met de Bijbel voortkomen uit misvattingen over wat voor soort boek de Bijbel is. Dat is overigens een veel voorkomend misverstand, zelfs onder christenen (waar nogal wat conflicten over die onfeilbaarheid vandaan komen). Maar als je eenmaal een goed zicht krijgt op die dingen, blijken ze, vind ik, betrekkelijk onbelangrijk te zijn.

Dus ik raad u aan, pa, zoals ik al eerder deed, om geduld te hebben met die delen van dit door God geïnspireerde boek die u verbijsteren. Stel uzelf open voor de transformerende kracht ervan. Het is écht geïnspireerd! Als u Gods Woord zijn gang laat gaan, zult u vanzelf een relatie met de Verlosser krijgen.

Zoals altijd in liefde en hoop,

Greg

Heeft de Rooms Katholieke Kerk de Bijbel niet samengesteld?

11 december 1990

Beste Greg,

Laat ik je nóg een keer vertellen hoe trots ik ben op je prestatie bij het wereldkampioenschap. Ik hoop dat niets blijvend beschadigd is en dat je nu eindelijk eens kans ziet om van die idioterie af te komen! Jammer om te horen dat jij en je gezin niet langs kunnen komen. We keken er echt naar uit. We missen jullie erg. Maar we begrijpen het wel. Als we de staatsloterij gewonnen hebben, laten Jeanne en ik jullie elk jaar hierheen vliegen.

Op naar de theologie. Greg, eigenlijk heb ik er de pest aan het te moeten toegeven, maar het begint eindelijk allemaal een beetje betekenis te krijgen voor me. Ik begin nu te geloven dat de meeste vooroordelen die ik over het christendom heb het gevolg zijn van het feit dat ik het uit twee verkeerde bronnen heb leren kennen: de Rooms Katholieke Kerk en die malloten die voor de tv hun preken staan te houden (waar ik af en toe voor de gein naar kijk). Wat jij verteld hebt over de Bijbel heeft de mist in mijn hoofd (over dat boek) wel een beetje doen optrekken. Ik ben nog steeds niet gek op het beeld dat het Oude Testament geeft van God, maar ik ben er nu wel meer toe bereid om mijn oordeel daarover op te schorten vanwege de nieuwe gezichtspunten die je me hebt gegeven.

Maar toen ik je laatste brief las en herlas, is er wel een andere vraag bij me naar boven gekomen. In mijn rooms-katholieke dagen heb ik geleerd dat de protestanten de fout maakten dat ze alleen op de Bijbel

afgingen, want het was de kerk die de Bijbel heeft samengesteld. Het was toch de Rooms Katholieke Kerk die besloot welke boeken wel en welke niet in de Bijbel werden opgenomen? Deden ze dat niet ergens rond de vijfde eeuw? Dat leerde de pastoor ons om ons ervan te overtuigen dat de protestanten het aan de rooms-katholieken te danken hebben dat ze überhaupt een bijbel bezitten.
Ik vraag me af hoe dat kan als de Bijbel Gods Woord is. Ik bedoel, waarom moest het zo lang duren om daarover te beslissen en hoe kon God zo'n belangrijke beslissing in handen leggen van zulke egotrippers? Ik heb eens gehoord dat het aan de een of andere bisschoppenraad werd overgelaten om er nota bene over te stémmen welke boeken wel en welke niet geïnspireerd waren! Dat lijkt me geen erg waardige manier om het Woord van God vast te stellen. Hoe weet je nu of zij gelijk hadden? Of er geen 'slechte' boeken in gekomen zijn? Misschien zijn er wel een paar geïnspireerde boeken weggelaten.
En is het ook niet zo dat rooms-katholieken en protestanten daar nog steeds over twisten? Waarom telt de rooms-katholieke bijbel meer boeken dan de protestantse bijbel? Ze zeggen allebei dat hun Bijbel 'Gods Woord' is! Daar snap ik helemaal niets van.
Dus ook al heeft jouw voorstelling van Christus en van de Bijbel grote indruk op me gemaakt, ik moet toch nog wel heel wat horden nemen voordat ik aan boord kan springen van jouw geloofsschip.

Met al mijn liefde,

Vader

✍

28 december 1990

Beste vader,

Ik hoop dat u en Jeanne een fijn kerstfeest hebben gehad. Ik vind het jammer dat we niet bij u konden zijn. Maar volgend jaar komen we zeker! We beginnen met een spaarrekening in januari waar we maandelijks wat op zetten, en dit keer zal *niets* ons kunnen tegenhouden. We willen niet alleen u en Jeanne weer eens zien, maar de kinderen zeuren aan onze kop omdat ze zo graag naar Disney World willen!
U weet niet half hoe blij ik ben met het feit dat u de geloofwaardigheid van het christendom begint in te zien. Ik heb het steeds gezegd, pa, dat

u een doelwit bent: God is niet van plan u te laten gaan. Tussen mij en de Heilige Geest gezegd: u maakt geen schijn van kans!
We gaan uw vragen maar eens beantwoorden. Ik ben bang dat u alweer onjuiste informatie hebt gekregen – of u hebt die informatie verkeerd begrepen – over het proces van canonisering. Het is waar dat er geen officiële lijst van canonieke boeken is opgetekend tot aan de vijfde eeuw, en het is waar dat er een paar boeken waren waarover bepaalde invloedrijke mensen tot die tijd (en zelfs enige tijd daarna) gekibbeld hebben. Maar de overgrote meerderheid van de nieuwtestamentische canon is vastgesteld in de tweede eeuw. We kunnen dat precies nagaan aan de hand van de wijze waarop de vroege kerkvaders het Nieuwe Testament als gezaghebbend aanhalen. Meer dan negentig procent van het Nieuwe Testament kan worden gereconstrueerd aan de hand van citaten bij de vroege kerkvaders tot en met de derde eeuw.
De enige reden dat men zich zorgen begon te maken over een 'officiële' canon, was omdat een ketter, Marcion genaamd, in de tweede eeuw van zich liet horen en zijn eigen aangepaste, ketterse canon maakte. Die vent was een Jodenhater en hij had ook een hekel aan het Oude Testament. Daarom begon hij met een eigen aftakking van het christendom die het Oude Testament geheel buiten beschouwing liet (hij zei dat dat geschreven was door een boosaardige God) en die alleen maar fragmenten van het Nieuwe Testament gebruikte. Uit elk boek knipte hij stukken weg en plakte daarna de delen aan elkaar om zo zijn ketterse theologie in elkaar te passen.
Wel, zijn beweging begon aan te slaan en de kerk stond voor de taak de gelovigen van een officiële leer te voorzien over wat wel en niet het echte Nieuwe Testament was. De reden was dus niet zozeer dat het Nieuwe Testament moest worden *vastgesteld*, als wel dat men zich moest confronteren met deze valse leer. En dus werden er officiële uitspraken gedaan. De vroegst bekende 'officiële' lijst van canonieke boeken die we hebben, is de canon Muratori, die ongeveer uit het jaar 170 stamt. Deze lijst is vrijwel identiek met de lijst die je vandaag in elke Bijbel kunt vinden.
U ziet, pa, dat de geïnspireerde werken van het Nieuwe Testament door de gelovigen al vanaf het begin als zodanig werden ontvangen. Er was niet veel meningsverschil over. Deze boeken circuleerden in alle kerken en geleidelijk werd een aardig goed afgebakende hoeveelheid literatuur algemeen erkend als het Nieuwe Testament. Kortom, de *onofficiële* formatie van de canon kwam het eerst, gevolgd door twisten zoals met Marcion, en daarna volgde de *officiële* vaststelling van de canon. Even afgezien van de formele opname van enkele boeken die door sommigen werden beschouwd als discutabel, het is een feit dat de officiële canons niets toevoegden aan wat er al was.

Wat betreft uw vraag hoe we zeker kunnen weten dat al de juiste boeken in de Bijbel opgenomen zijn en al de verkeerde weggelaten: ik ben bang dat ik daar geen afdoende antwoord voor u op heb. Ik kan de theoretische mogelijkheid niet uitsluiten dat een bepaald boek er niet bij had moeten zijn, dat er toch ingekomen is (Luther vermoedde dat dit is gebeurd met de Brief van Jakobus). En ook kan ik niet met zekerheid de mogelijkheid uitsluiten dat een geïnspireerd boek er buiten is gelaten, terwijl het er wel bij hoorde.

Maar daar zou ik niet van wakker liggen. Er zijn drie overwegingen die me 's nachts toch lekker doen slapen.

In de eerste plaats moet ik geloven dat Gods voorzienigheid op enig moment een rol heeft gespeeld. Als God de tijd en de moeite heeft genomen om mens te worden om ons te redden, dan moet ik ook geloven dat Hij heel het proces zou overzien waardoor de informatie over deze gebeurtenis aan ons moest worden overgeleverd. Jezus heeft zijn discipelen beloofd dat de Geest hen zou inspireren en dat de wereld *inderdaad* in Hem zou geloven door hun woord. Als Hij het werk inspireerde, dan moet ik ook geloven dat Hij er voor zou zorgen dat het in de canon werd opgenomen. En als er een boek 'verloren' is gegaan, dan moet ik geloven dat dat gemis niet cruciaal is.

In de tweede plaats was het proces van het verzamelen van de geïnspireerde boeken in één enkele canon bepaald geen terloops gebeuren voor de vroege kerk. Deze mensen stierven voor hun geloof, dus zij wilden er zeker van zijn dat alles wat ze geloofden uit de mond van God kwam. Tenslotte wil niemand voor een leugen sterven. Daarom pasten ze behoorlijk strenge criteria toe op deze boeken. Wie was de schrijver? Wanneer is het geschreven? Stemt de inhoud overeen met andere werken die door allen als geïnspireerd worden beschouwd? Hebben de kerken het vanaf het begin als geïnspireerd ontvangen? En beschikt het over de transformerende kracht van Gods Woord?

Zij bevonden zich in een betere positie om de meeste van deze vragen te beantwoorden dan wij en ze hadden, veel meer dan wij, te verliezen met foute antwoorden. Dus ik voel me aardig zeker als ik bij hun beslissingen blijf. Trouwens, deze werken dragen nu het getuigenis van christenen uit de hele geschiedenis die geloofden dat ze inspirerend waren en de kracht hadden het leven te veranderen. Als ik dus toevallig een bepaald boek tegenkom dat niet aan deze kenmerken voldoet, dan lijkt het me zeer aanmatigend om te denken dat de fout meer bij het boek zit dan bij mij.

Ten slotte, zelfs als iemand de paar brieven waarover meningsverschil bestond in de vroege kerk zou verwerpen (nl. de geschriften die vóór de vijfde eeuw inderdaad niet werden erkend door de kerk als geheel) dan zou er niet veel uit het Nieuwe Testament verloren gaan. Het

Nieuwe Testament is een ongelooflijk monument dat staat als een huis, zelfs als er enkele opmerkelijke stenen uit verwijderd zouden worden. Over de Tweede Brief van Petrus bij voorbeeld had men voornamelijk een verschil van mening omdat de stijl zo afweek van de Eerste Brief van Petrus. Nu is dat gemakkelijk te verklaren (want hij vertelt ons dat hij de hulp van Silas ingeroepen heeft om de eerste brief te schrijven, 1 Petrus 5:12). Maar zelfs als iemand 2 Petrus zou laten vallen, wat voor gevolg van betekenis zou dat dan hebben? Zo staat het ook met 2 en 3 Johannes , Jakobus, Hebreeën en Openbaring. Het zijn heel goede boeken en ik ben blij dat ze in de canon staan. Maar waar het om draait is, dat er ten aanzien van onze verlossing niets wezenlijks afhangt van hun voorkomen in de canon.

Dus de gedachte dat de protestanten hun Bijbel aan de Rooms Katholieke Kerk van de vijfde eeuw te danken hebben, is een vergissing. Sterker, als je de Rooms Katholieke Kerk definieert aan de hand van de lijn van pausen die aan het hoofd hebben gestaan, dan is het heel moeilijk vol te houden dat er zelfs maar een officiële Rooms Katholieke Kerk *was* vóór de zesde eeuw (en waarschijnlijk zelfs later).

De kwestie die u te berde bracht over de verschillen tussen de rooms-katholieke en protestantse bijbels heeft niets te maken met de kwestie van de canonisatie van het Nieuwe Testament. Het verschil ontstond pas door Luthers breuk met de kerk in de zestiende eeuw. Tot op die tijd was er een hoeveelheid literatuur die bekend stond als apocrief en die de officieel gecanoniseerde literatuur van de Bijbel vergezelde. Over deze literatuur bestond verschil van mening bij de kerkelijke leidslieden. Sommigen meenden dat deze literatuur dezelfde status had als de bijbelboeken, maar anderen verwierpen die gedachte (een ambivalentie die we van het judaïsme geërfd hebben). Op die manier kregen deze boeken meestal een plaats in de bijbelse canon als 'stichtelijke' literatuur, maar ze hadden officieel niet hetzelfde gezag als de rest van de Bijbel.

Maar toen Luther met de (roomse) kerk brak, moest er om een aantal redenen een einde gemaakt worden aan de tweeslachtige status van de apocriefe boeken. De belangrijkste reden was wel dat de rooms-katholieke leiders deze literatuur graag wilden gebruiken om een aantal van hun leerstellingen te steunen die Luther ontkende (bijvoorbeeld de leer van het vagevuur). Daarom ontkende Luther de canoniciteit van de apocriefen totaal en dat dwong de Rooms Katholieke Kerk tot het andere extreme standpunt: zij erkende deze literatuur voortaan zonder meer. Beide standpunten waren 'nieuw' in de geschiedenis van de kerk. Wat mij betreft, pa, ik sta aan Luthers kant. Zonder nu in te gaan op alle redenen die ik voor deze keus heb, wil ik wel kwijt dat (a) Jezus de apocriefen nooit geciteerd heeft als gezaghebbend en zijn discipelen ook niet; (b) de apocriefen materiaal bevatten dat de leer van het Nieuwe Testament lijkt te weerspreken; (c) de oude kerkvaders de apocriefen maar zelden als gezaghebbend hebben geciteerd; en (d) over het geheel genomen de kwaliteit van deze literatuur volgens mij duidelijk minder is dan die van de canonieke literatuur.

Maar net als met de canonieke boeken waarover in de vroeg-christelijke kerk discussie is geweest: ik zal nooit wakker liggen van dat probleem. Er hangt niets belangrijks van af. Ik zou het zelfs geen punt vinden de pre-reformatorische opvatting over de apocriefen te bevestigen. Als iemand die literatuur inspirerend vindt of opbouwend en als zijn leven er totaal anders door wordt, dan is dat prachtig. Maar ik vind dat niet. Laat ieder dat maar voor zichzelf beslissen.

Waar het om draait, pa, is dat de kleinere vragen die de Bijbel omgeven de centrale inhoud en de enig-belangrijke boodschap van de Bijbel nooit kunnen aantasten. Ik wil u aanmoedigen om gewoon maar te beginnen met lezen. U zou kunnen beginnen met de evangeliën en dan met name met het evangelie naar Johannes. Zet alle vragen even aan de kant en probeer alleen maar te luisteren naar wat het boek tegen u zegt. Laat de Heilige Geest de tekst mogen gebruiken om de boodschap die u moet horen in uw hart te verankeren.

Pa, het doel van heel de Bijbel is je in een relatie van liefde met Jezus te brengen. De Bijbel gaat dan zelfs zozeer voor je leven, dat je dáárdoor Jezus ontmoet.

Met al mijn liefde en in hoop,

Greg

Tweeëntwintigste briefwisseling

Waarom zijn er zoveel verschillende interpretaties van de Bijbel?

16 januari 1991

Beste Greg,

Ik hoop van harte dat het nieuwe jaar goed voor je begonnen is. Hartelijk bedankt voor je vorige brief, die een groot misverstand uit de weg heeft geruimd dat er bij mij leefde over de totstandkoming van de Bijbel. Ik heb nog steeds moeite het gezag dat aan dit boek toegeschreven wordt in overeenstemming te brengen met de schijnbaar lukrake manier waarop het 'officieel' bijeen is gebracht. Waarom heeft God de Bijbel niet gewoon uit de hemel gegooid? Maar het helpt in ieder geval te weten dat het geen product is van een kerk waar ik niet bijzonder gek op ben.

De vraag die ik de laatste tijd heb, heeft te maken met de vraag die ik in mijn vorige brief stelde. Greg, als de Bijbel nu Gods Woord is, waarom is het dan zo onduidelijk? Je kunt natuurlijk zeggen dat de Bijbel niet onduidelijk is, maar als dat zo is, waarom zijn er dan zoveel verschillende interpretaties van? Ik bedoel, er zijn alleen al in Amerika meer dan 1200 verschillende christelijke denominaties! En ze beweren allemaal de *juiste* visie op de Bijbel te hebben. Hoe kan dat nou? Kan God Zich niet duidelijk uitdrukken? En hoe kan iemand die geen theologie gestudeerd heeft nu geacht worden te weten wie er verdorie gelijk heeft?

Doe de groeten aan je vrouw en kinderen en zeg hen dat ik van ze houd. Ik hoop weer gauw iets van je te horen.

Veel liefs,

Vader

✍

24 januari 1991

Beste vader,

Pa, als u maar half de christen wordt van de scepticus die u bent, dan wordt u knettergoeie theoloog! Ik begin me af te vragen of er één tegenwerping tegen het christelijk geloof is die u nog niet gemaakt hebt.

Het probleem van de verdeeldheid onder de christenen is een voortdurende doorn in het vlees van iedere christen. Tegen het einde van zijn werk op aarde bad Jezus dat alle gelovigen één zouden zijn, zodat de wereld zou weten dat Jezus werkelijk door God gezonden was (Johannes 17). Wel, we zijn nog niet bijzonder één en voor een deel brengt dit ons getuigenis over Christus als de Verlosser schade toe.

Dit is niet zozeer kritiek op de tweeslachtigheid van de Bijbel als wel op de zonden en gebreken van de kerk. De meeste verschillen tussen de kerken, pa, zijn meer het gevolg van trots, arrogantie, hebzucht en machtshonger dan van legitieme verschillen in interpretatie van de Bijbel. Christenen zijn domweg zondaars, net als iedereen, pa. De beroerde kant hiervan is dat dit het werk van God belemmert. De goede kant ervan is dat u en ik er gerust op kunnen zijn dat we er mooi tussen passen! Als het een of ander 'heiligenclubje' was, was ik allang vertrokken! Toch zou dit alles ons niet echt moeten verbazen. Er is nauwelijks een verhaal in de Bijbel te vinden waarin God om zijn doel te bereiken gebruik maakt van iemand die *niet* zijn best doet om de boel te verknallen. De Bijbel zegt zelf 'dat God de dwaze dingen kiest om de wijzen te beschamen, de zwakke dingen om de sterken te beschamen' (1 Korintiërs 1:27, eigen parafrase). Neem bijvoorbeeld Abraham. Hij is voor een poosje de man die God wil gebruiken. Maar wat doet hij? Twee keer geeft hij zijn vrouw weg om met een vreemde te slapen om daarmee zijn eigen hachje te redden! Wat een 'man Gods'. En David is, volgens de Bijbel, de 'man naar Gods hart'. Maar hij heeft seks met de vrouw van een andere man, maakt haar zwanger en laat haar echtgenoot doden zodat hij snel met haar kon trouwen om zijn misdaad in de doofpot te stoppen. Wat een 'heilige'! En Israël, 'Gods uitverkoren volk' is de hele bijbelse geschiedenis door constant tegen Hem aan het rebelleren met het najagen van valse goden en ook verder de boel te verzieken. En dan heb je nog de christelijke kerk die je vandaag de dag kunt zien. Er is niet veel veranderd, wel?

Toch wordt hier in zekere zin iets heel belangrijks duidelijk gemaakt, pa. Paulus schrijft op een gegeven moment: 'Want God heeft hen allen onder ongehoorzaamheid besloten, om Zich over hen allen te ontfermen' (Romeinen 11:32). Op een raadselachtige manier gebruikt God de voertuigen van zijn communicatie om aan iedereen een universele waarheid te tonen: mensen zijn zondaars die genade nodig hebben. Nergens wordt die zondigheid duidelijker, en nergens wordt deze genade beter gedemonstreerd dan juist bij 'Gods volk'. Abraham, David, Israël, de kerk – als God zondaars van dat kaliber kan behouden dan is er hoop voor iedereen. Als het doel van de schepping uiteindelijk helemaal bereikt zal zijn, pa, dan zal God voor eeuwig bekend staan als de God van de eindeloze genade tegenover de menselijke opstandigheid en zonde. En hoe duidelijker dat laatste is, des te duidelijker wordt het eerste openbaar. Daarom werkt Hij nu dus ook door middel van een zondige kerk.

De meeste verdeeldheid onder christenen is dus te wijten aan hun zondigheid. Maar ik zou uw vraag ontlopen als ik zei dat *alle* verschillen tussen kerken daar vandaan komen. Er zijn nog twee redenen voor de verschillen tussen kerken. Maar geen van tweeën doet iets af aan de duidelijkheid van de Bijbel.

In de eerste plaats bekijken niet alle kerken de Bijbel op dezelfde manier. Vrijzinnige kerken beschouwen de Bijbel niet als 'Gods Woord' in absolute zin. Zij hebben er geen problemen mee om bepaalde aspecten ervan te verwerpen wanneer ze het daar niet mee eens zijn. De fundamentalisten – het andere uiterste – zijn zó bang van alles wat maar 'vrijzinnig' lijkt, dat ze de neiging hebben om de Bijbel 'a-historisch' te lezen. Zo proberen ze van de Bijbel een twintigste-eeuws wetboek te maken.

Dan heb je de rooms-katholieken, die de Bijbel beschouwen als slechts één van de verschillende bronnen van gezag. De paus en de kerkelijke traditie zijn de andere twee. De Orthodoxe Kerk kijkt er op dezelfde manier tegenaan, met dit verschil dat ze de paus verwerpt. En dan zijn er nog de 'evangelischen', die net als de fundamentalisten de Bijbel zien als Gods Woord. Desondanks houden zij eraan vast dat de Bijbel in zijn historische context gelezen moet worden. Het is *geen* twintigste-eeuws wetboek.

Deze verschillen in gezichtspunten weerhoudt deze verschillende kerken er natuurlijk van om in volkomen harmonie samen te werken. Zoals u al wel zult hebben afgeleid uit de manier waarop ik uw voorgaande vragen behandeld heb, behoor ik tot de 'evangelisch-orthodoxen'. Anders dan de vrijzinnigen streef ik ernaar de Bijbel op dezelfde wijze te zien als Jezus. Aangezien ik Hem 'Here' noem, is er niets dat ik domweg verwerpen mag. Echter, anders dan de 'fundamentalisten' zie ik de waarde en de noodzaak ervan in om de Bijbel in het licht van de geschiedenis te lezen. Zoals u hebt gemerkt, heb ik niets tegen de ontdekking van 'bronnen' in de bijbelse traditie. Ik heb er ook niets op tegen om bepaalde delen niet letterlijk te nemen als het bewijs in die richting wijst. En anders dan de Rooms Katholieke en Orthodoxe Kerk, zie ik geen gegronde redenen om iets buiten de Bijbel te aanvaarden, dat net zoveel gezag heeft.
Deze verschillen zijn duidelijk niet het gevolg van de een of andere tweeslachtigheid in de tekst van de Bijbel zelf. Dat is, naar mijn inschatting, het gevolg van historische en culturele invloeden die een bepaalde kleur geven aan de manier waarop mensen de aard van de Bijbel als geheel opvatten.
In de tweede plaats bestaan er binnen elk van deze groepen meningsverschillen over hoe bepaalde teksten geïnterpreteerd moeten worden. Leert de Bijbel dat brood en wijn bij het Avondmaal symbolen zijn van het lichaam en bloed van Christus, óf het lichaam en bloed zelf? Leert de Bijbel de kinderdoop of de volwassendoop? Wat symboliseert de doop? Leert de Bijbel dat de kerk van boven af geregeerd moet worden (hiërarchisch) of van onderaf (congregationalistisch)? Mogen mensen in de eredienst in tongen spreken of niet? Afgezien van de verschillende visies op de Bijbel zelf, zijn het dit soort verschillen in interpretatie van de Bijbel die de kerken van elkaar onderscheiden.
Nu zou ik u bij elk van deze kwesties de reden kunnen geven van het standpunt dat de theologie die ik aanhang daarover heeft. Maar veel belangrijker is het besef dat deze verschillen totaal onbelangrijk zijn in vergelijking met de centrale boodschap van het Nieuwe Testament die luid en duidelijk klinkt: *Jezus Christus is voor u gestorven. Hij is Heer en Verlosser van ieder die in Hem gelooft!*
Kijk eens, pa, een mens wordt niet gered vanwege zijn visie op het Avondmaal, de kerkregering of wat dan ook. Een mens wordt gered vanwege zijn relatie met Jezus Christus – of hij nu tot een vrijzinnige, fundamentalistische, rooms-katholieke of evangelische kerk behoort, of hij nu de kinderdoop of de volwassendoop aanhangt, een hiërarchische of een congregationalistische kerkregering volgt, enz. Gods Woord is in elk geval glashelder op dit centrale punt. Het is niet de schuld van de Bijbel dat hij niet van tevoren al is ingegaan op elke dog-

matische kwestie die er ooit zou rijzen in de kerk. Het is daarom ook niet de schuld van de Bijbel dat hij niet duidelijk een antwoord heeft op elke vraag die we hem voorleggen. En het is niet de schuld van de Bijbel als mensen onder de invloed van historische culturele factoren die Bijbel op een verschillende manier lezen. Het belangrijkste kan duidelijk worden gehoord als je hart ervoor openstaat.
En zo kom ik weer op hetzelfde punt als waarop ik in iedere brief lijk uit te komen, pa. Laat die vraagstukken nu eens even rusten en denk na over uw relatie met Christus. De waarheid van en het leven in deze relatie staan vrijwel los van al die andere vraagstukken. Als u eenmaal een relatie met Christus bent aangegaan en daardoor een poos gevoed bent, kunnen we daarna wel eens beginnen aan die andere vraagstukken, als u dat wilt. Ze zijn stellig belangrijk. Maar uw *redding* hangt er niet van af. En op dit moment wil ik alleen maar dat u gered wordt! En daar zit een mens altijd maar één gebed van af, pa.

Met al mijn liefde en gebeden,

Greg

Drieëntwintigste briefwisseling

Wat moeten we aan met de 'heilige boeken' van andere godsdiensten?

4 maart 1991

Beste Greg,

Het was fijn om je vorige week te spreken. Wat vervelend dat jullie elkaar allemaal aangestoken hebben met de griep. In Florida worden de mensen nooit ziek. Wist je dat? Ik weet zeker dat er hier genoeg scholen zijn die je graag zouden willen hebben, Greg. Waarom heb je dat niet in de gaten? Verhuis toch!
Zoals ik je al gezegd heb ben ik een beetje verbaasd, maar toch ook wel onder de indruk, dat je het in je vorige brief steeds maar had over de zondigheid van de kerk. Ik heb altijd de indruk dat christenen zichzelf doorgaans veel te mooi proberen af te schilderen, maar iedereen met een beetje hersens prikt daar zó doorheen. Neem nou die Jimmy-Swaggartaffaire. Voor mij was dat altijd het zoveelste bewijs dat de boodschap van de kerk niet juist kon zijn, maar van die veronderstelling heb je me wel ongeveer genezen! Als de boodschap die God door de kerk aan de wereld probeert over te brengen is, dat we allemaal zondaars zijn, dan slaagt Hij daar uitstekend in!
Toch vraag ik me af of je de schuld die de Bijbel heeft aan de verschillende visies die de christenen erop hebben, niet teveel bagatelliseert. Zijn vragen over de doop en zo echt het enige waarover christenen van mening verschillen? Beweerde de groep waar jij toe behoorde toen je net christen geworden was niet dat de leer over de drie-eenheid fout was? Zeggen de Jehova's Getuigen die hier af en toe langskomen niet

dat Jezus niet God was? Dat lijken me nogal grote meningsverschillen en toch beweren ook zij dat ze 'puur van het Boek' uitgaan.
Dat brengt me tot een nog fundamentelere vraag. Elke religie heeft zijn eigen 'bijbel', nietwaar? Hoe weet je nu dat de jouwe de enige juiste is? Zij hebben ongetwijfeld hun eigen redenen om zich aan het boek te houden waarin ze geloven, net zoals jij de jouwe hebt. Hoe kun jij dan zeggen dat jouw boek het enige ware is? Dat lijkt mij een nogal bekrompen uitgangspunt.
Nou, dat was het weer voor deze keer. Pas goed op jezelf, jongen.

Veel liefs,

Vader

✍

15 maart 1991

Beste vader,

Dus de mensen in Florida worden nooit ziek? Volgens mij worden ze daar beroerd van de hitte! Geef mij maar liever af en toe een loopneus.
Goed, naar uw vragen. U hebt gelijk dat u erop wijst dat er bepaalde kleine sektarische groepen zijn die zich onderscheiden van het traditionele christendom door de Bijbel zodanig uit te leggen, dat ze sommige centrale leerstukken van het geloof ontkennen. Maar deze groepen worden algemeen beschouwd als sekten en juist dat unieke van ze is in feite een aanklacht tegen hen. Altijd als er weer eens iemand een of andere nieuwe 'waarheid' in de Bijbel 'ontdekt' die verder niemand in de hele kerkgeschiedenis gezien heeft – en deze sekten worden juist op zo'n bewering gefundeerd – moet dat je onmiddellijk voorzichtig maken. Dat geldt helemaal als die 'ontdekking' betrekking heeft op iets wat de kern van het geloof raakt.
Het is natuurlijk niet onmogelijk, maar de kerk heeft door haar hele geschiedenis heen toch wel enkele briljante geleerden gehad en geestelijke heiligen. Dus als iemand wil beweren dat al deze mensen iets heel belangrijks hebben gemist ten aanzien van de verlossing, dan moet hij toch wel van *heel* goeden huize komen om dat aan te tonen. (Er zou ook een enorme hoeveelheid bewijs voor nodig zijn te kunnen gaan geloven dat God zijn kerk eeuwenlang fundamenteel zou laten dwalen tót de tijd van die zo uiterst belangrijke sektarische 'ontdekking'.)

Geen van deze sektarische groepen is er ooit in geslaagd zo'n bewering ook maar enigszins waar te maken. Sterker, hun manier van met de Bijbel omgaan lijkt gewoonlijk niet ingegeven te worden door enige deskundigheid en is soms zelfs bizar. Dat moet ook wel om leringen te omzeilen die ieder ander die de Bijbel ooit gelezen heeft als volkomen helder beschouwt. Wat in werkelijkheid hun inspanningen voedsel geeft, is hun behoefte aan een 'elitegeloof'. Sommige mensen *moeten* gewoon geloven dat zij iets hebben wat verder niemand heeft. Dat gevoel overheerste zeker bij de afwijkende groep waartoe ik in de jaren zeventig behoorde.

Maar de Bijbel zelf kun je voor geen van deze dingen aansprakelijk stellen. We zouden Shakespeare er toch ook niet op aankijken als er een of andere onwetende figuur die zich zo nodig bijzonder moet voelen met een bizarre interpretatie van *Macbeth* kwam aanzetten?

En wat de 'heilige boeken' van de andere godsdiensten betreft, daarover wil ik drie dingen zeggen.

Ten eerste zijn er maar enkele grote godsdiensten die 'heilige boeken' hebben die pretenderen 'Gods Woord' te zijn. De literatuur van de meeste religies, bijvoorbeeld het Hindoeïsme en het Boeddhisme, wordt door de aanhangers van die religies wel beschouwd als heilig en vol wijsheid, maar in geen enkel opzicht als onfeilbaar. Daarom is mijn standpunt met betrekking tot deze werken als volgt: ik lees ze en dan beoordeel ik voor mezelf in welke mate elk van die werken 'heilige wijsheid' bevat. Soms is dat het geval, soms niet. Zelfs een aanhanger van zo'n religie zou dat zo kunnen zeggen.

Als ik in de tweede plaats naar de andere religies kijk die inderdaad een 'concurrerende bijbel' hebben, dan is volgens mij de verstandigste houding dat je werkt vanuit het bekende naar het onbekende. Kortom, ik weet waarom ik in Christus geloof, waarom ik in de Bijbel geloof en wat de Bijbel voor mijn leven betekend heeft. Met deze dingen moet ik beginnen. Als ik de 'concurrentie' in dit licht ga beoordelen, dan kom ik tot de conclusie dat die geschriften niet ook het Woord van God kunnen zijn, omdat ze de Bijbel op bepaalde fundamentele punten weerspreken. Net als andere godsdienstige literatuur kunnen ze veel menselijke wijsheid bevatten. Maar ik kan ze niet beschouwen als boeken met hetzelfde soort gezag als wat Jezus aan de Bijbel toekende.

Maar, vroeg u, hebben deze groepen dan niet hun eigen redenen om in hun heilige boeken te geloven? Wel, laat ze maar komen! Ik heb islamitische boeken gelezen die proberen de inspiratie van de *Koran* te bewijzen en mormoonse boeken die trachten de inspiratie van het *Boek van Mormon* te bewijzen en eerlijk gezegd, ik ben niet erg onder de indruk. Ze hebben domweg niet dat onweerlegbare dat de opstanding en de vervulde bijbelse profetie wel hebben. Wat meer is, aangezien deze twee werken (en andere soortgelijke) de Bijbel op fundamentele punten weerspreken, vormen al mijn redenen om in de Bijbel te geloven even zoveel redenen om niet in *hen* te geloven. Dus ze geven niet alleen geen goede gronden in hun voordeel, maar ze hebben ook nog eens duidelijk bewijs tegen zich.

In de derde plaats, pa, hoeft u niet verbaasd te zijn te ontdekken dat er andere boeken zijn die beweren Gods Woord te zijn. Dat toont in ieder geval duidelijk aan hoe hongerig de mensen zijn naar Gods Woord. Als iemand die sterft van de honger geen echt voedsel krijgt, fantaseert hij zich een maaltijd bij elkaar. Zo maakte C.S. Lewis eens de opmerking: 'Fantasie verwijst altijd naar de werkelijkheid'. Fantasie geeft uitdrukking aan de overtuiging van het hart dat iets werkelijkheid *zou moeten zijn*. Als er een authentiek 'Woord van God' bestaat, dan mogen we verwachten dat we mythische benaderingen daarvan aantreffen in culturen waar Gods Woord afwezig is, of waar dat Woord in ieder geval niet als zodanig herkend wordt.

Ik geloof niet dat dit bekrompen is, zoals u suggereert. Bekrompenheid heeft niet te maken met *wat* je gelooft, maar *hoe* je het gelooft. Als ik zou weigeren om elk ander gezichtspunt, elk ander godsdienstig boek, elke andere filosofie te overwegen die niet met mijn overtuiging overeenstemt, *dat* zou bekrompen zijn. Maar het feit alleen dat ik mij houd aan een geloof dat niet overeenstemt met andere gezichtspunten, andere godsdienstige boeken en andere filosofieën maakt mij op zichzelf niet bekrompen. Het doet er niet toe wat je gelooft, pa, er zullen er altijd meer zijn die het er niet mee eens zijn dan wel. 'Er is maar één waarheid, leugens zijn er vele'.

Pa, de Bijbel zelf leert ons: 'toetst alles en behoudt het goede' (1 Tessalonicenzen 5:21). Onderwerp alle denkbare aanspraken op 'openbaring' aan dezelfde test en je zult ontdekken, beweer ik, dat alleen de Bijbel overeind blijft als het definitieve 'Woord van God'. Al die andere werken kunnen prachtige literaire en filosofische inzichten bevatten en doen dat ook, maar ze geven de mensheid niet wat het meest nodig is: de Persoon van Jezus Christus.

Bedankt dat u blijft schrijven. Ik stel die gelegenheid om met u van gedachten te wisselen heel erg op prijs. Een dezer dagen raken we de bodem van uw 'emmer vol vragen' – en dan zult u vanaf de bodem van die emmer het liefhebbende gezicht van uw Redder u zien toelachen. En dan zal Hij zeggen: 'Ed, daar heb Ik nu op gewacht!' Ik kan er haast niet op wachten!

Met al mijn liefde en hoop,

Greg

DEEL 4

VRAGEN OVER HET CHRISTELIJK LEVEN EN DE CHRISTELIJKE LEER

Vierentwintigste briefwisseling

Gaan alle niet-christenen naar de hel?

4 april 1991

Beste Greg,

De manier waarop je het onderzoek van de 'heilige boeken' van andere godsdiensten benadert vind ik zinnig, maar waarschijnlijk komt dat omdat ik een westerling ben en daarom vertrouwd met de Bijbel. Dus, Greg, ik ben nog niet helemaal tevreden met je antwoord. De kern van mijn probleem is, denk ik, dat ongeacht hoeveel redelijker het is (voor ons!) om de Bijbel meer dan enig ander boek als het Woord van God te geloven, mensen toch in andere boeken blijven geloven zolang dat een deel van hun opvoeding en cultuur uitmaakt.

Dat betekent van jouw standpunt bezien dan toch dat deze mensen niet gered kunnen worden? Is dat niet wat alle 'wedergeboren' mensen geloven? En betekent dit niet dat deze ongelukkigen – die toch veruit in de meerderheid zijn in de wereld – in feite naar de hel gestuurd worden door jouw liefdevolle God? Maar hoe kan dat nu, als ze er helemaal niets over te zeggen hadden *wanneer* ze geboren werden, *waar* ze geboren werden, in *welke* cultuur ze geboren werden, en zelfs niet als *wie* ze geboren werden! En toch hangen hemel en hel van *dit* soort dingen af. *Dit* zijn de factoren die bepalen welke levensfilosofie een mens zal aanhangen. Wat voor vrije wil we feitelijk ook mogen hebben, de bewegingsruimte ervan valt *binnen* de grenzen die bepaald worden door *deze* factoren. Iemands levensbeschouwing, of iemands behoud (volgens jouw redenering), is uiteindelijk helemaal niet iets wat we 'vrij' kunnen kiezen.

Ik denk dat ik nu weer terug ben bij mijn oude klacht over Gods recht-

vaardigheid. Als het al moeilijk is om het toevallige kwaad in deze wereld te accepteren, dan is het compleet onmogelijk om het toevallige kwaad in de eeuwigheid te accepteren. Hoe kan iemand nu naar de hel gaan vanwege de plaats waar hij toevallig geboren is? Hoe kan er nu maar één goede weg naar God zijn, als er maar zo weinig mensen de kans krijgen om die ene weg te vinden? Hoe bestaat het dat kinderen van heidenen naar de hel gaan, alleen maar omdat ze niet in een christelijk gezin geboren zijn?
Om heel eerlijk te zijn, Greg, ik heb de christelijke leer over de hel en de overtuiging dat alle ongelovigen daarheen gaan, altijd al een van de bespottelijkste aspecten van de hele godsdienst gevonden. Maar misschien kun je hiervan het een en ander een beetje recht te zetten.

Liefs als altijd,

Vader

27 april 1991

Lieve vader,

U wilt het me ook niet gemakkelijk maken, hè pa? Waarom kunt u nou niet gewoon de Geest voelen zeggen dat het allemaal waar is en u dan bekeren?! Geintje. Eigenlijk bewonder ik uw nieuwsgierigheid en ik beleef plezier aan de uitdaging die ons gesprek is.
U hebt weer eens een heel goed en ontzettend moeilijk theologisch probleem opgeworpen. En misschien moet ik u maar meteen bij het begin vertellen dat het een kwestie is waarover een hoop onenigheid bestaat, zelfs onder de evangelischen. Dus als u absolute zekerheid verwacht bij het oplossen van deze kwestie, dan wacht u waarschijnlijk een teleurstelling.
Zoals ik al eerder heb gezegd, is het mijn benadering om van het bekende naar het onbekende te werken, van het heldere naar het ondoorzichtige. Wat er gebeurt met al die mensen die zonder Christus sterven, is ondoorzichtig. En daarom wil ik proberen naar een oplossing toe te werken door te beginnen bij wat helder is. Als ik zo te werk ga, pa, dan ontdek ik vijf principes, die mijn mening over deze zaak beïnvloeden.
In de eerste plaats, als ik heel goede redenen heb om te geloven dat de

Bijbel Gods Woord is – de persoon van Jezus, de vervulde profetieën, mijn persoonlijke ervaring, enz. – dan moet ik vanaf het begin bereid zijn te erkennen dat deze openbaring wel eens een leer zou kunnen bevatten die ver boven mijn verstand uitgaat. In feite moet ik zelfs verwachten dat zo'n openbaring op sommige punten paradoxaal is. Als die op elk punt overeen zou komen met wat ik al geloofde, dan had ik goede reden om die openbaring ervan te verdenken van zuiver menselijke en niet van goddelijke oorsprong te zijn.

Ten laatste, pa, is het zo dat de werkelijkheid oneindig veel complexer in elkaar zit dan we ons ooit voor kunnen stellen. Er zijn waarschijnlijk miljarden variabelen die Gods doen en laten met ons beïnvloeden, waar wij geen idee van hebben (denk aan het beeld dat ik een poosje geleden gebruikte van de hut die op het Normandische strand in een kruisvuur lag). En aangezien ons zicht op de werkelijkheid zo ongelooflijk bijziend is, moeten we erop rekenen dat we op bepaalde punten er domweg op moeten vertrouwen dat God wijze en juiste beslissingen neemt, ook al zien we niet in dát wat Hij doet wijs en juist is. Dus als er mensen naar de hel gaan waarvan wij vinden dat ze daar niet horen, dan is dat waarschijnlijk omdat onze blik 'een beetje' beperkter is dan die van God!

In de tweede plaats ben ik er zeker van dat God Zichzelf zeer beslist geopenbaard heeft in Jezus Christus. Niets in het Nieuwe Testament staat meer centraal dan dit. 'Wie Mij gezien heeft, heeft de Vader gezien' (Johannes 14:9,10). Dus: als er iets is dat *naar mijn inzicht* niet overeen lijkt te stemmen met de openbaring van God in Christus, moet ik gewoon bereid zijn om dat voorlopig te 'parkeren', net als ik deed met de kwestie van Gods wraak in het Oude Testament. God lijkt inderdaad wraakzuchtig en vol woede, nergens zozeer als hier in de leer omtrent de hel. Dit is wat Luther noemde: 'de linkerhand van God'. Het is een mysterieuze kant van God die Luther niet begreep. Maar wat Luther *wel* begreep, was dat de gelovige altijd vol vertrouwen kan zeggen: 'Ik heb geen God buiten U, geboren in een kribbe, gestorven aan een hout'. Hoe God soms ook mag *lijken*, Hij kan niet anders zijn dan Hij is in Jezus Christus. Daar ben ik zeker van, ook al moet ik mijn oordeel opschorten over al zijn 'verschijningsvormen'.

Een derde principe waar ik zeker van ben terwijl ik heenwerk naar een begrijpen van het vraagstuk dat u aan de orde stelde, is dat er geen verlossing bestaat buiten Jezus Christus om. Het Nieuwe Testament maakt ook dat volmaakt duidelijk. Niemand komt tot (of 'kent', 'heeft lief' of 'gelooft in') de Vader dan door de Zoon. Dat is een allesbeheersend thema in het Nieuwe Testament. 'Want er is ook onder de hemel geen andere naam aan de mensen gegeven, waardoor wij moeten behouden worden' (Handelingen 4:12). Zondaren kunnen alleen maar verenigd worden met God door het offer van Jezus Christus. Dat kunnen ze niet zelf. Als er dus iemand gered wordt, dan is het door Jezus Christus.

De Bijbel bevat nog een vierde waarheid die ik vast geloof en die is dat er mensen zijn die Jezus niet persoonlijk of bewust gekend hebben, maar die desondanks behouden worden. We weten van heiligen in het Oude Testament die in de hemel zullen zijn en de Bijbel geeft dit zelfs indirect te kennen van verschillende personen die niet eens tot de Israëlieten behoren (zoals Noach, Job, Melchizedek). Hoe kan dit nu als iedereen die tot de Vader gaat, dat door Christus doet? Hoe kan dit, als Noach, Job en Melchizedek feitelijk toch zondaars zijn die net als iedereen verlossing nodig hebben?

De enige oplossing die ik zie, pa, is dat het offer van Christus meer mensen omvat dan alleen degenen die dat offer bewust omhelzen. Als mensen uit het Oude Testament, Joden en heidenen, voor God rechtvaardig konden worden verklaard, dan kan dat alleen maar omdat God aan hen het bloed van een Verlosser toerekende die zij, om allerlei redenen buiten hun macht, verhinderd waren te kennen. Dus kan het 'door Christus gaan (tot de Vader)' niet precies hetzelfde betekenen als 'geloven in' Jezus Christus. Er zijn kennelijk mensen van wie de zonden bedekt zijn door het bloed van Christus terwijl zij Hem niet eens bewust kennen.

Dit is denk ik wat we ook moeten zeggen over kleine kinderen die sterven, over verstandelijk gehandicapte mensen en over anderen die buiten hun schuld verhinderd zijn om Christus te leren kennen. God oordeelt mensen naar hun hart, overeenkomstig het licht van de waarheid waarop zij moesten reageren, en overeenkomstig het geloof dat (al of niet) impliciet in hun hart aanwezig was (Matteüs 25; Romeinen 2). Dus, pa, Hij is een eerlijk en rechtvaardig God. Mensen gaan niet 'per ongeluk' naar de hel.

Ten slotte is er één ding dat duidelijk is: dat is dat mensen die niet van het evangelie gehoord hebben en niet geloven *in groot gevaar verkeren*. Want ook al staat er genoeg in de Bijbel om ons een heel klein beetje hoop te geven voor hen die het evangelie niet gehoord hebben, er is helemaal niets dat ons over hen enige *zekerheid* geeft. Sterker, alles wat ons verteld wordt, benadrukt de dringende noodzaak om hen met het evangelie in aanraking te brengen. Alle mensen moeten het horen!

Dus alle niet-christenen gaan naar de hel? Ik kan met zekerheid zeggen dat zónder Christus allen worden veroordeeld, maar niet dat iedereen zonder expliciet geloof in Christus verloren gaat. Ik kan met zekerheid zeggen dat ieder die buiten het geloof leeft in groot gevaar is en dat alleen zij die een expliciet geloof bezitten van hun behoud verzekerd zijn. Maar evengoed heb ik geen zekerheid dat de anderen verloren gaan. Ik weet van een paar gevallen (de gelovigen in het Oude Testament, kinderen, zwak-

zinnigen) voor wie dit niet geldt en dus moet ik het in alle gevallen gewoon aan God overlaten om te doen wat juist en rechtvaardig is.
Pa, neem toch de beslissing om God alleen door Jezus Christus te kennen en kom tot rust! Als God is zoals Hij Zich geopenbaard heeft in zijn Zoon, dan zal Hij de wereld op de best mogelijke manier berechten. Er komt een dag dat we dat zullen zien. Uw enige zorg moet zijn dat u niet behoort tot degenen die uit eigen vrije wil Christus verwerpen. Kies voor het geloof! Ontvang Hem als uw Here en Redder! Laat de hel maar aan God over. Dat is niet uw probleem.

Met al mijn liefde,

Greg

Vijfentwintigste briefwisseling

Hoe kan een God die liefde is, mensen eeuwig martelen in de hel?

12 mei 1991

Beste Greg,

Ik ben bang dat ik een beetje moeilijker vind dan jij om dingen 'op te schorten'. Omdat ik niet zoals jij voor honderd procent ervan overtuigd ben dat Jezus God op aarde is, kan ik niet zo gemakkelijk troost vinden voor de zeurende vragen die ik over de hel heb. Jij komt tot bedaren in de liefde van God en 'schort' zijn toorn 'op' omdat je al overtuigd bent van zijn liefde door Christus. Maar voor mij, Greg, staan de liefde en toorn op hetzelfde niveau. Het ene roept twijfels op over de realiteit van het andere.

Daarom moet ik toch nog wat verder stoeien met dat gedoe van de hel. Als ik daar een beetje een touw aan vast kan knopen, dan ben ik, geloof ik, een heel eind verder gekomen in het voor mezelf geloofwaardig maken van het christelijk geloof.

Je vorige brief heeft mijn gedachten een beetje meer tot rust gebracht over wie er naar de hel gaan, maar je hebt het probleem van de hel als zodanig niet behandeld. Dat is eigenlijk een fundamentelere vraag. De Bijbel schildert deze plek af als een nachtmerrie, nietwaar? Het is de plaats van vuur, gloeiende zwavel, duisternis, kwelling – en dat zou dan de hele eeuwigheid maar doorgaan, toch? Vertel me dan eens wat in 's hemelsnaam (vergeef me de woordspeling) het nut ervan is om iemand eeuwig te folteren. Waar is dat goed voor? Het is duidelijk dat er geen 'les' geleerd kan worden. Het is geen *corrigerende* straf. Wie in de hel

komt hoeft er niet op te hopen ooit zijn karakter of situatie te verbeteren. Dus dit is je reinste wraak, louter terugbetaling, onvervalste woede met geen ander motief dan het zuivere, goddelijke genoegen om een mens heel erg te laten lijden!
Begrijp me niet verkeerd, Greg. Er zijn een heleboel mensen van wie ik het niet erg zou vinden om ze in de hel te zien zitten – *voor een poosje*. Maar zelfs *ik* zou er doodmoe van worden om Hitler een paar honderd jaar te horen krijsen. Daar gaat de 'lol' toch van af? Daarna zou ik waarschijnlijk vinden dat hij zijn schuld aan zijn slachtoffers betaald had en dan zou ik hem gewoon doden. Waarom doet God dat dan niet? In een paar honderd jaar zal Hij echt wel duidelijk hebben gemaakt wat Hij bedoelt. Waarom zou Hij dan nog doorgaan met de pijniging? Waarom zou Hij de zondaars niet gewoon uit hun lijden verlossen? Waarom martelen terwille van het martelen – en nog wel eeuwig?
In verband hiermee heb ik nog een ander punt. Ik vermag niet in te zien hoe de hemel als hemel kan voortbestaan, terwijl beneden in de diepte de hel brandt. Zou de wetenschap dat er daar beneden miljarden mensen in de hete lava eeuwig geroosterd worden niet een beetje een domper op de 'feestvreugde' zijn? Het lijkt me dat dit een probleem betekent, helemaal voor een God die liefde is en dus verondersteld wordt al deze arme gekwelde zielen lief te hebben. Dat moet toch aan God vreten! Denk je eens in wat jij zou voelen als een van je kinderen het 'niet haalde'.
Ik snap het dus gewoon niet, Greg. En ik ben nog niet zo ver dat ik kan doen alsof ik mijn oordeel hierover zolang maar 'opschort'. Het karakter van God staat terecht in mijn leven en dit is belangrijk bewijs, dat het waard is overwogen te worden.

Met vriendelijke groeten,

Vader

28 mei 1991

Beste vader,

U hebt het ongeveer zo krachtig gezegd als maar mogelijk is. De hel is absoluut een theologisch probleem, dat geef ik zonder meer toe! Om helemaal eerlijk te zijn, pa, ik heb daar zelf ook nooit helemaal goed wijs uit kunnen worden. Maar ik heb genoeg redenen om in Jezus en in de Bijbel te geloven om te aanvaarden wat zij over dit onderwerp zeggen, ook al kom ik niet overal helemaal uit. Als ik zou besluiten deze procedure om te draaien en ik deze twee autoriteiten dus zou verwerpen omdat hun leer over de hel mij niet redelijk lijkt, dan zou ik wel al het bewijs dat er ten gunste van deze twee autoriteiten bestaat moeten wegverklaren. En dat is, denk ik, een hels (neem me de woordspeling niet kwalijk) moeilijke dus.

Dus ik geloof, zelfs als ik er niets van begrijp. Evengoed sta ik niet helemaal met mijn mond vol tanden als ik u een antwoord op uw vraag moet geven. Ik ben tenslotte een Boyd! Laat me vier algemene opmerkingen maken.

In de eerste plaats vat vrijwel niemand heel dat verhaal over de hel als een plaats van vuur en zwavel letterlijk op. De Bijbel gebruikt massa's vergelijkingen om deze plaats te beschrijven, vergelijkingen die elkaar zouden tegenspreken als ze letterlijk werden opgevat. Zo wordt de hel bijvoorbeeld beschreven als een plaats van totale 'duisternis', maar ook als een plaats van 'vuur'. De hel wordt beschreven als een 'put', maar ook als een 'poel van brandende zwavel'. De hel wordt beschreven als een plaats van straf, maar ook van totale vernietiging. Soms worden de bewoners getekend als mensen die buitengesloten zijn van een maaltijd (in de hemel), een andere keer als in een put geworpen, en ook wel als mensen die door een dienaar met een zweep geslagen worden. Soms lijken ze opstandig ('tandengeknars') en soms zelfs bedroefd (Lucas 16).

Zoals u ziet, variëren de vergelijkingen nogal en niet een ervan moet gezien worden als een zuiver 'kiekje' van wat de hel zal zijn. De bedoeling van elk van die vergelijkingen is dat ze ons inprenten dat de hel *een uitermate verschrikkelijke plaats is*! De hel is het tegendeel van alles wat God aan de mensheid geven wil. In feite is de term 'hel' zelf een vergelijking die daar uitdrukking aan geeft. *Hel* is in het Grieks *gehenna*, en gehenna was vroeger een dal buiten Jeruzalem, dat gebruikt werd als de grootste vuilstortplaats van de stad. Wat in de hel terechtkomt, zeggen de bijbelschrijvers, is gewoon het uitschot van de mensheid. Het is de dumpplaats van de kosmos. Het is de ultieme bestemming van mensen die in vrijheid gekozen hebben voor een leven zoals God dat nooit voor hen heeft bedoeld. Ze worden tot 'afval'. Ze worden 'weggeworpen'. Ze worden 'verbrand in het vuur'. Alle vergelijkingen in de Bijbel wijzen in deze richting.

Het tweede punt, pa, is dat het gaat om *mensen die zichzelf in de hel gezet hebben*, niet God. 'God wil niet dat er mensen verloren gaan, maar dat allen tot bekering komen', zegt de Bijbel (2 Petrus 3:9). Als er iemand naar de hel gaat, dan is dat *tegen* Gods wil! Het is gewoon

onnauwkeurig om God af te schilderen als iemand die behagen schept in het lijden van mensen. Hij verzekert ons uitdrukkelijk: 'Zou Ik een welgevallen hebben aan de dood van de goddeloze' (Ezechiël 18:23)? Het zijn juist de opstandige mensen zelf die 'de duisternis liever gehad hebben dan het licht' (Johannes 3:19). De hel is de plaats waar *zij* willen zijn, niet waar *God* hen wil hebben.
Laat er geen misverstand over bestaan: God *laat toe* dat deze mensen naar de hel gaan. Maar dat doet Hij door ze *hun zin* te geven. Lees Romeinen 1:20-32 maar eens nauwkeurig, pa. In dit gedeelte zegt Paulus drie keer over de goddeloze Romeinen dat 'God hen overgaf om te doen wat *zij* wilden doen'. Gods oordeel bestond hierin dat Hij de zondaren hun zin gaf. Als er geen hoop meer bestaat op iemands hart – weet u nog, wij 'worden' de beslissingen die we nemen – dan laat God je uiteindelijk met rust. 'Ga je eigen gang maar', zegt Hij dan. En door dit te zeggen werpt Hij hen in de hel. God staat hen toe voor eeuwig te worden wat zij zélf willen zijn.

In feite houden de goddelozen van deze toestand, terwijl het afstotelijk is als een nachtmerrie voor degenen die aangeraakt zijn door Gods liefde – 'die hongeren en dorsten naar de gerechtigheid'. De alcoholist die zijn fles meer liefheeft dan zijn vrouw, zijn kinderen en zijn huis, krijgt wat hij wil als ze hem uiteindelijk 'alleen laten'. Maar is het niet zo dat alle anderen, die niet zo ziek zijn, dat zien als de hel? Het feit dat die man denkt dat hij gelukkiger is mét zijn fles dan zónder die fles maar mét wat dan ook, toont aan hoe diep hij gezonken is. Hij kiest er dus voor om te drinken. Maar in werkelijkheid is hij er natuurlijk beroerd aan toe. De dronkelap krijgt wat hij wil, maar zit wel in de hel met zijn 'voorrecht'. Hij wordt gekweld, maar het is een kwelling die hij zelf gekozen heeft.
Zo zit dat dus met God, pa. God geeft de aan zichzelf verslaafde zondaar, die Hem niet wil aanvaarden, wat hij wil. Maar hierdoor komt de zondaar ook niet toe aan datgene waar het in het leven nu eigenlijk om draait. Omdat hij zichzelf heeft afgesneden van de enige levensader van liefde, vreugde en vrede die de mensheid heeft, glijdt hij geleidelijk weg in een volledig liefdeloos, vreugdeloos en vredeloos bestaan. Het is, zoals C.S. Lewis een keer gezegd heeft, een soort van bestaan dat minder dan bestaan is. Hij wordt afval, ongeschikt voor het doel dat God met hem had. Hij is nu in alles het tegenovergestelde van wat God met hem voorhad. Zijn bestaan is één tragische mislukking.
Het derde punt is: als de hel werkelijk eeuwig op slot zit (en ik geloof dat inderdaad), dan zit hij dat 'van de binnenkant' (ook C.S. Lewis). Nogmaals, het is niet de wil van God die de zondaars in de hel opgesloten houdt, maar de wil van de zondaars zelf. Dat is tenslotte weer wat

ze zelf willen. De eeuwigheid van de hel is dus de eeuwigheid van een wil die irrationeel op zichzelf terugslaat, daarmee alles blokkerend wat ooit zou kunnen leiden tot zoiets als een gezonde toestand.
In dit licht zie ik niet in, pa, dat de notie van een eeuwige hel zo onwaarschijnlijk is. Sterker, ik zou willen volhouden dat alleen deze leer past bij onze ervaring van de menselijke natuur. Is het niet waar, wat ik een poosje geleden in een brief aan u schreef, dat hoe langer we op een bepaalde weg voortgaan, hoe moeilijker het voor ons wordt om dat pad ooit nog te verlaten? Is het niet zo dat we elk moment van ons leven verder vastleggen wie we zijn? Zijn we niet zelfs nu bezig met het proces van onze vereeuwiging? De bijbelse leer dat er een bestaanswijze komt waarin de mensen blijvend 'gestold' zijn tot hun respectievelijke karakters is, zou ik denken, precies wat een analyse van de menselijke natuur ons zou doen vermoeden. Er komt een tijd dat er geen beslissingen meer genomen en veranderingen aangebracht worden: dat is het moment dat hemel en hel eeuwig worden.
Het is dus gewoon niet waar dat God de mensen eeuwig martelt vanuit een of ander sadistisch genoegen in het toebrengen van pijn. Al de pijn die de verdoemden lijden, doen ze zichzelf aan. En de eeuwigheid van hun toestand komt dus compleet voor hun eigen rekening. Het is hun voorkeur.
Het vierde en laatste punt, pa, is dit: u vraagt zich af waarom God uiteindelijk na een tijdje de opstandigen niet uit hun lijden zou verlossen. Waarom pleegt Hij geen goddelijke daad van euthanasie om de verdoemden uit te roeien? U moet weten dat een aantal zeer achtenswaardige evangelische theologen stelt dat dit exact is wat de Bijbel leert! Zij houden staande, op basis van een analyse van de bijbelse tekst, dat de Bijbel zelf leert dat God uiteindelijk allen zal vernietigen die niet 'in Christus' zijn. De straf heet 'eeuwig' omdat hij een eeuwig *effect* heeft, niet omdat hij eeuwig *ondergaan* wordt. Zulke theologen wijzen erop dat alleen zo'n opvatting over de hel overeenstemt met alles wat de Bijbel zegt over de goddelozen die 'vergaan', 'vernietigd worden', 'als kaf zullen verbranden', enz. De goddelozen zullen zijn 'gelijk een droom na het ontwaken' (Psalm 73:20) en ze 'zullen worden als hadden ze nooit bestaan' (Obadja :16).
In deze opvatting komen dus Gods oordeel en zijn genade samen in één daad. God oordeelt de opstandigen toch ook als Hij genadig een eind aan hun bestaan maakt – juist met het doel dat ze niet hoeven te doorstaan wat ze volgens de traditionele opvatting over de hel moeten doorstaan.
Ook al vind ik dit gezichtspunt louter op rationeel niveau erg fascinerend, toch heb ik er wel enige exegetische reserves bij. Maar ik vond dat u moest weten dat, als u dit standpunt zou gaan aanhangen, dit u

niet buiten het bijbelse geloof zou plaatsen. Ik denk dat het een aanvaardbare mogelijkheid is.
Als je dit 'vernietigingsstandpunt' aanvaardt, dan is het duidelijk dat u zich geen zorgen meer hoeft te maken over de vraag of het gelijktijdig bestaan van de hel het 'feest' in de hemel niet bederft. Als je dat uitgangspunt niet aanvaardt, dan blijft het probleem wel bestaan, maar ik geloof niet dat het onoverkomelijk is.
Er is een aantal verschillende manieren om de situatie zodanig op te vatten dat de hopeloosheid van de hel geen merkbare smet op de hemel werpt. C.S. Lewis en anderen hebben er bijvoorbeeld over gespeculeerd dat de dimensies van de hemel en de hel wel eens overeen konden komen met de geestelijke gezindheid van hun bewoners. Liefde is open, ruim, gericht op groei, allesomvattend, terwijl zelfzucht naar binnen gericht is, kleingeestig, benauwd en klein. Vanuit het standpunt van de helbewoners bezien is hun werkelijkheid alles wat er bestaat. Maar vanuit het standpunt van de hemelbewoners is het bestaan van de hel te klein en te onbetekenend om daar last van te hebben. Vandaar dat ze zijn 'als een droom bij het ontwaken'. Lijkt dat niet nogal op het soort relatie dat bekrompen mensen vandaag hebben met de 'echte' mensen?
Nou, ik betwijfel of ik alle moeilijkheden rond dit leerstuk heb weggenomen, maar hopelijk is het allemaal een beetje aannemelijker voor u geworden. Het belangrijkste van de hel, vader, is niet dat we die kunnen begrijpen of verklaren, maar dat we hem *vermijden*! Wat voor theorie iemand er ook op na houdt, de hel is een afschuwelijke realiteit waar mensen nooit bedoeld waren terecht te komen. En toch is ons menselijk ras op het ogenblik zo diep gevallen, zo volkomen verpest, dat de enige manier om te vermijden dat je 'weggeworpen' wordt op die plaats bestaat in het vastgrijpen van de Verlosser. Hij is onze enige hoop, pa.
Bekijk het zo: als Jezus vrijwillig voor ons is gestorven om ons van de hel te redden, dan moet die hel wel een gruwelijke belevenis zijn! De extreme prijs van het medicijn toont hoe dodelijk ernstig de ziekte is.

Met al mijn hoop en gebeden,

Greg

Zesentwintigste briefwisseling

Is het niet onmogelijk om een christenleven te leiden?

22 juni 1991

Beste Greg,

Onlangs heb ik onze correspondentie van de afgelopen twee jaar weer eens overgelezen, Greg. Ik moet eerlijk zeggen dat we een heel eind gekomen zijn! Of in ieder geval ben *ik* een heel eind gekomen! Ik heb het nog steeds af en toe dat ik 's morgens wakker word en dat ik nauwelijks kan geloven dat ik hier allemaal serieus over aan het nadenken ben. Maar als ik er dan nog eens rustig voor ga zitten en alles op een rijtje zet, dan merk ik dat ik er wel serieus over *moet* nadenken. Ik heb nog steeds heel wat vragen en reserves en zo. Maar ik kan je eerlijk zeggen dat het allemaal heel aannemelijk begint te klinken. Ik begin te geloven dat ik grotendeels over de hobbel heen ben in deze hele kwestie. Ik had nooit gedacht dat ik dat nog eens zou zeggen. Dank je voor je vasthoudendheid, jongen.

Je antwoorden over de hel hebben me echt geholpen. Die hel was een enorm struikelblok voor mij. Vooral dat 'vernietigingsstandpunt' dat je noemde, stond me wel aan. Ik weet niet genoeg van de Bijbel af om het met je exegetische reserves op dat punt eens of oneens te kunnen zijn. Maar gewoon op grond van het gezond verstand valt er veel voor te zeggen. Ik heb altijd geloofd dat euthanasie in sommige gevallen het meest liefdevolle is wat je kan doen. Nergens lijkt me dat duidelijker dan wanneer je te maken hebt met iemand die, als je hem *niet* doodt, *voor eeuwig* pijn zal lijden! In zo'n geval lijkt het mij de enige liefdevolle en juiste keuze. Iemand maar door laten 'leven' komt me, ook in jouw herziene versie, als sadistisch voor. Nee, het moet een absoluut einde hebben. In *zo'n* soort hel *kan* ik geloven.

Genoeg daarover. Ik zou nu graag willen overschakelen naar iets anders. Greg, ik merk dat de vragen die ik mezelf de laatste tijd stel niet zozeer filosofisch als wel praktisch van aard zijn. Als ik erover ga nadenken om christen te worden, dan wil ik wel precies weten waar ik aan begin.

Goed, hier heb je mijn probleem: hoe kan God nu in ernst verwachten dat iemand volgens zijn idealen leeft? Ik bedoel, ik zie mezelf als een behoorlijk goed mens. Ik heb zeker meer dan de meeste mensen mijn best gedaan mensen te helpen die problemen hadden. Maar ik weet ook wel dat mijn leven niet het 'heilige' leven is zoals de Bijbel dat als ideaal stelt. En dat zal het nooit worden ook. Maar dat hele bijbelse ideaal lijkt mij compleet onpraktisch en irreëel.
Heeft Paulus bijvoorbeeld niet ergens gezegd, dat als je denkt aan wellust dat hetzelfde is als het bedrijven ervan? Ja hoor! Eén verkeerde gedachte en je bent overspelig! Wie kan daar nu naar leven? Een hoop christenen zeggen dat ze dat kunnen, maar dat geloof ik niet.
De Bijbel lijkt allerlei soorten obsessies te hebben als het om seks gaat. Waarom doodde God iemand als hij masturbeerde? Is dat niet een tikkeltje extreem? En waarom geeft God ons al die seksuele begeerten en maakt Hij seks zo prettig, als Hij dat vervolgens weer volledig de kop indrukt met al zijn regeltjes? En wat moet ik met die uitspraak van Jezus dat mensen die voor de tweede keer trouwen overspel plegen? Ik moest om die reden mijn vorige huwelijk nietig laten verklaren, zodat Jeanne lid van de Rooms Katholieke Kerk kon blijven. Ik vind dat allemaal, zoals gezegd, nogal onpraktisch en irreëel.
Maar niet alleen de starheid van de Bijbelse seksuele moraal hindert me. Ik herinner me een priester die preekte over Jezus' bevel om 'je vijanden lief te hebben'. Ik dacht toen bij mezelf: dit bevel betekent de ondergang van elk land dat dit gebod serieus na zou leven! Zo zegt Jezus ook ergens dat als iemand je jas steelt, je hem dan ook je hemd moet geven. Of als iemand je op de ene wang slaat, je hem ook de andere wang moet toekeren, zodat hij daar ook een klap op kan geven! Zie je 't voor je? Ik durf te wedden dat er in de hele staat Florida geen christen te vinden is die dat echt zou doen!
Iets in me zegt dat het christendom waar is en dat ik het moet geloven, Greg. Maar er is ook iets in me dat zegt: doe geen moeite, want dat kun je toch niet. Ik ben liever een integere zondaar dan een hypocriete 'hei-

lige'. (Wat trouwens de reden is dat ik mezelf nog geen kerk binnen zie stappen, zelfs als ik inderdáád christen zou worden!)
Help me hier eens mee als je kunt. Ik sta ervoor open.

Met al mijn liefde en waardering,

Vader

✍

2 juli 1991

Beste vader,

Ik kan u niet zeggen hoe prachtig ik het vind dat u begonnen bent het christelijk geloof aan te nemen. Onthoud altijd, pa, dat het niet in de eerste plaats een kwestie is van *wat* je gelooft, maar van *op wie* je vertrouwt. Het is nodig geweest dat we de laatste twee jaar een heleboel uiteenlopende onderwerpen bespraken om de weg hier naar toe vrij te maken. Maar een relatie met God die verlost, wordt niet gesmeed met het oplossen van allerlei kwesties, maar door de Verlosser als úw Verlosser te omhelzen. Erken dat u Hem nodig heeft. Ontvang zijn offer voor u. Vertrouw uw leven aan Hem toe. Dat is het, pa. Dat is *alles*. Alles wat het christendom verder nog mag zijn, vloeit voort uit deze ene handeling en is daar eigenlijk maar een voetnoot bij.
Nu over uw laatste brief: pa, u hebt helemaal gelijk! Niemand kan het christelijke leven leven! Niemand (aan deze kant van de hemel) heeft het christelijke leven ooit volmaakt geleefd, niemand doet dat nu of zal dat ooit kunnen! Denkt u echt dat ik beter ben in het 'dagelijks leven als heilige' dan u? U weet wel beter! Dat is voor mij net zo onmogelijk als voor u.
Maar hier gáát het nou om, pa. Dit is de rode draad in heel de ethische leer van Jezus. Wij zijn niet in staat om op eigen kracht tot God te komen. Daarom hebben we juist een Verlosser nodig! In heel zijn ambtswerk ontmoette Jezus mensen die dachten dat ze op basis van hun eigen goedheid rechtvaardig voor God waren (net als de christenen die u tegengekomen bent). Ze dachten niet dat ze een Verlosser nodig hadden.
En hoe hielp Jezus die mensen nu? Hij hielp ze door ze te laten zien hoe ze *werkelijk* zouden moeten leven om rechtvaardig voor God te kunnen zijn zonder Verlosser. Zo waren de Farizeeën er bijvoorbeeld

trots op dat ze niet zo zondig leken als de andere mensen. Maar Jezus vertelt hun dat zij 'volmaakt moeten zijn, zoals God volmaakt is' (Matteüs 5:48). Nou, succes ermee! Zo had je ook van die zelfgenoegzame lieden die er trots op waren dat ze nog nooit overspel hadden gepleegd. Maar Jezus (dus niet Paulus) hield hun voor: 'als u in uw hart een vrouw begeert, dan hebt u al overspel met haar gepleegd' (Matteüs 5:27-28 in mijn parafrase). Hij zegt dit juist omdat *iedereen* die begeerte weleens in zijn hart heeft! En verder had je van die godsdienstige types die er erg trots op waren dat ze nooit iemand hadden vermoord. Maar Jezus zegt tegen hen: 'als u boos wordt, of zelfs maar in uw hart 'dwaas' zegt tegen uw broeder, dan loopt u al gevaar in het hellevuur te komen' (Matteüs 5:21-22, mijn parafrase). Het punt is, pa, dat we als we aan onszelf overgelaten worden, *allemaal* gevaar lopen om in het hellevuur te komen.

De lijst met teksten kan nog veel verder uitgebreid worden, maar het punt waar het om draait is steeds hetzelfde. Als je 'op je eigen houtje' voor God wilt staan, pa, dan moet je *volmaakt* zijn, want God is volmaakt. Elke onvolmaaktheid is voor eeuwig onverzoenlijk met het karakter van God. 'Relatief goed zijn' is gewoon niet goed genoeg. Een 'beetje heilig' zijn geeft je niet meer bonuspunten voor de hemel dan een verslaafde prostituee. Je moet *Gods eigen volmaakte rechtvaardigheid* bezitten – anders heb je domweg geen rechtvaardigheid die 'telt'. Maar deze rechtvaardigheid, pa, kunnen we niet door onze eigen inspanning verwerven. Tot dat besef wil Jezus ons met zijn onderwijs brengen. Een goede relatie met God heeft niets te maken met iets 'doen'. Het is geen prestatie. Als het dat wel was, wat sommigen ervan proberen te maken, dan waren we er allemaal geweest. 't Is juist zo dat je Gods rechtvaardigheid alleen maar kunt ontvangen als een *geschenk*. God wil die aan u geven, gratis, onvoorwaardelijk! Hij wil een relatie met u beginnen, pa, een relatie die gekenmerkt wordt door *onvoorwaardelijke liefde*. Het enige wat u moet doen, is toegeven dat u *niets* kunt doen, en dat doet u door gewoon zijn rechtvaardigheid aan te nemen. De Bijbel leert ons dat het meest fundamentele doel van de 'wet' altijd geweest is om ons juist hiertoe te brengen (Galaten 3).

Dus, pa, luister maar naar de onmogelijke moraal van de Bergrede, gooi uw armen maar in de lucht en erken: 'Ik kan het niet! Ik geef het op! Ik ben een hopeloze zondaar!' Lees de leer van de Schriften en erken hoezeer u, net als iedereen, een Verlosser nodig hebt. En aanvaard Hem dan gewoon. Hij is aan het kruis gestorven voor uw zonden, pa, zodat de zonde niet langer tussen u en God hoeft in te staan. Het enige is: aanvaardt u dat offer?

Laat ik besluiten met een antwoord op drie andere zaken die u in uw brief naar voren brengt. In de eerste plaats: nergens in de Bijbel staat dat God iemand doodt vanwege masturbatie. Geen wonder dat rooms-katholieke kinderen bij het opgroeien voortdurend angstig over hun schouder kijken! Ik herinner me dat een non in de derde klas zei dat masturbatie schadelijk was voor de hersens. Ik wist eigenlijk niet eens precies wat masturbatie was, maar ik nam me stellig voor het nooit te doen!

Maar goed, dat staat nergens in de Bijbel. De Bijbel zegt helemaal niets over masturbatie. Het geval waar u waarschijnlijk aan denkt gaat over Onan die gedood werd omdat 'hij zijn zaad op de grond verspilde'. Maar hoe merkwaardig die passage ook is, dat heeft niets met masturbatie te maken. Onan weigerde te voldoen aan zijn verplichting om kinderen te verwekken bij zijn schoonzuster. Dat was, vanuit Gods gezichtspunt, in die tijd heel belangrijk (Genesis 38:9). Hoe dan ook, het was geboorteregeling in ongehoorzaamheid aan God. Dat was het probleem, niet het verspilde zaad.

In de tweede plaats hebt u, wat betreft de politieke toepasbaarheid van Jezus' ethische regels, gelijk dat het een ramp zou zijn als een land probeerde te overleven met een 'keer-hem-ook-de-andere-wang-toe'-mentaliteit. Als Roosevelt en Churchill zo hadden gedacht, zouden we nu allemaal nazi's zijn. Maar ik hoop dat het duidelijk is uit wat ik hier al over gezegd heb, dat het voornaamste doel van Jezus' ethische onderwijs niet is het optuigen van een nieuw, sociaal programma met allerlei beperkingen voor deze gevallen wereld. Hij pleit niet voor het stenigen van iedereen die weleens aan overspel denkt. Hij zegt niet ineens dat het oudtestamentische toestaan van de echtscheiding nu niet langer mogelijk is en hij zegt ook niet dat regeringen nu de andere wang ook moeten toekeren.

Wat Hij wel deed, was laten zien hoe zondig onze situatie is. Hij heft Gods idealen omhoog om ons naar het kruis toe te drijven. Maar als Hij dat gedaan heeft, hebben we de primaire functie van zijn 'idealistische' onderwijs gehad. U hebt dus gelijk, pa, als u zegt dat al die Bijbelse idealen niet zo erg praktisch zijn. In een wereld die zo verpest is als de onze zijn de meeste praktische keuzes tot op zekere hoogte zondig. Daar valt niet aan te ontkomen.

Laat ik afsluiten met mijn derde en laatste punt. Ik denk, pa, dat u zich zorgen maakt dat u, als u Christus aanvaardt, bepaalde dingen in uw leven moet 'opgeven'. En u bent er niet zeker van dat u dat wel kunt of wilt. Ik denk dat er bij u iets leeft als de algemene gedachte dat christen-zijn betekent dat je een heleboel dingen moet doen die je liever niet zou doen en een heleboel dingen niet mag doen, die je juist wel zou willen doen.

Laat ik dan alleen zeggen, pa, dat niets minder waar is dan dat. U bent net als ik een zondaar, juist omdat u *niet* doet wat u *zou moeten* doen, en *wel* doet wat u *niet* zou moeten doen *en dat ook prettig vindt*. Volgt u het nog? Dat is nu net waarom u een Verlosser nodig hebt. Als u in uw eigen leven zelf een grote schoonmaak kon houden, of dat zelfs maar op uw eigen houtje wilde, dan zou u niet méér nodig hebben dan zo nu en dan een vriendelijke 'goddelijke aanmoediging'. Maar in plaats daarvan hebt u een Verlosser nodig die gruwelijke pijnen ondergaan heeft en een helse dood gestorven is en die *bereid* was dat *voor u* te doen en dat ook *kon*!

Dus, pa, christen worden betekent gewoon dat u erkent dat u Hem nodig hebt – juist omdat u uzelf helemaal niet rechtvaardig kunt maken voor God of uw eigen leven kunt veranderen. Christen-zijn heeft niets te maken met doen wat u niet wilt; het heeft te maken met Christus toe te staan te *veranderen* wat u *wílt*. Laat Hem toch binnen, pa. Laat Hem u liefhebben zoals u bent. Hij staat niet op een afstandje te wachten tot u uzelf schoongewassen hebt. Hij slaat zijn armen om u heen en reinigt u van binnenuit – precies door van u te houden zoals u bent.

Het is onmogelijk om een christenleven te leiden, pa. Doe met me mee!

Met liefde en in hoop,

Greg

Zevenentwintigste briefwisseling

Hoe kan ik nu vergeving krijgen door andermans dood?

14 augustus 1991

Beste Greg,

Sorry dat ik de laatste tijd een beetje traag ben in het beantwoorden van je brieven. Maar geloof me, dat heeft niet te maken met een afnemende interesse in onze discussie. Eigenlijk heeft het juist te maken met de hoeveelheid denkwerk die elk van jouw brieven van me eist. Je laatste brief heeft me behoorlijk verbaasd. De gedachte dat de 'regels' er zijn om ons ertoe te brengen de verlossing als een geschenk te ontvangen – dat is een verdraaid revolutionair concept! Daar had ik nog nooit van gehoord! In zekere zin klinkt het alsof iemand van de nood een deugd probeert te maken. Het klinkt alsof iemand zegt: 'Nou ja, aangezien deze normen voor mij te hoog gegrepen zijn, maak ik er gewoon van dat het doel van deze normen is het feit te onthullen dát ze voor mij te hoog gegrepen zijn.' Maar aan de andere kant fascineert jouw interpretatie van Jezus' lessen me erg. Voor mij ligt de waarde ervan in het feit dat het iets begrijpelijk maakt waarvan ik altijd al geweten heb dat het waar is: het is domweg ondenkbaar dat ook maar *iemand* consequent naar de idealen van Christus kan leven. Wie beweert dat hij dat wel kan, is óf een schaamteloze hypocriet, óf hij neemt zichzelf in de maling.
Dus wat mij betreft, als jouw interpretatie inderdaad van de nood een deugd maakt, gaan we allemaal (christenen incluis!) hoe dan ook naar de hel! En als je ongelijk hebt, dan maakt het helemaal niet meer uit hoe het wél zit.

Maar ik heb nog wel een andere, serieuze vraag waarop ik een antwoord wil hebben, Greg. In onze correspondentie heb je het steeds gehad over zoiets als: 'Jezus is gestorven voor uw zonden.' Je boodschap lijkt te zijn dat Jezus gestraft is om wat ik gedaan heb, en dat ik, door in Hem te geloven, rechtvaardig voor God kan worden. Dat heb ik al eens eerder gehoord, maar ik heb het nooit begrepen. Ik zie gewoon niet in hoe dat kan. Hoe kan de dood van een mens, tweeduizend jaar geleden, mij nu vergeving schenken? Hoe kan een God die volmaakt rechtvaardig is, Jezus straffen voor mijn zonden en mij laten lopen, terwijl Hij natuurlijk best weet dat ik nog steeds zo schuldig ben als de pest? En waarom zou Hij al die moeite doen? Dat had toch zeker wel gemakkelijker gekund?
Zoals altijd kijk ik naar je antwoord uit.

Liefs,

Vader

16 augustus 1991

Beste vader,

Ik ben blij dat ons gesprek van de laatste tijd u zoveel te denken geeft. We hebben geen haast, dus neem alle tijd die u wilt voor het verwerken van elke brief. Ik neem aan dat alles goed is met u en Jeanne. Heeft Jeanne trouwens al een nieuwe baan gevonden?
Ik vond het goed wat u in uw laatste brief zei over de idealen van de leer van Jezus – als die niet bedoeld waren om ons ertoe te brengen compleet op Gods genade te vertrouwen, dan waren we allemaal hopeloze gevallen! Dat is het helemaal, pa, in een notendop. Eén voordeel dat duidelijk wereldse mensen als u en ik hebben boven die 'beschaafde godsdienstige mensen' is dat we geneigd zijn dit centrale punt uit Jezus' onderwijs sneller door te hebben dan het 'vrome volk'. *Wij weten dat we geen keus hebben!* Mensen als de Farizeeën die er een mooi gepolijst beeld van zichzelf op na houden, hebben veel meer de neiging te denken dat ze behoorlijk heilig zijn van zichzelf en dus in staat zijn om Gods aanvaarding te *verdienen* door hun goede prestaties. En daarom zijn ze eerder geneigd het onderwijs van Jezus op te vatten als een uitdaging voor hun inspanning om in zichzelf rechtvaardig te

zijn. Hoe moeilijker de leer, hoe energieker ze hun best doen. Dus als ze Jezus horen zeggen: 'wees volmaakt zoals God volmaakt is', dan storten ze niet in en schreeuwen ze niet om genade: nee, dan gaan ze wanhopig proberen daar ook werkelijk aan te voldoen! En voor hen hangt hun redding hiervan af.

Dit is niet alleen een ernstig verkeerd begrijpen van het onderwijs van Jezus, maar het is ook uiterst verwoestend. Als iemand werkelijk gelooft dat zijn redding afhangt van zijn eigen goedheid, dan kan hij het alleen maar met zichzelf uithouden door zichzelf wijs te maken dat hij inderdaad 'volmaakt genoeg' is voor God. Maar aangezien iedereen zondig is – zo niet in zijn gedrag dan toch wel in zijn hart en zijn verstand – brengt dit perfectionisme met zich mee dat zulke godsdienstige mensen wel experts moeten worden in het leven in zelfmisleiding. Ze moeten zichzelf, zoals u zegt, constant 'in de maling nemen'. Ze moeten systematisch elke zelfbeschouwing onderdrukken die hun zou doen inzien dat ze Jezus' 'uitdaging' niet aankunnen. Dat is de reden waarom wetticistisch-religieuze mensen vaak zo ondiep zijn – de leiders nog meer dan anderen, omdat zij degenen zijn die zichzelf 'bewezen' hebben en 'succesvol' zijn in dit spel van zelfbedrog. Alles wat niet past bij het godsdienstige beeld dat deze mensen zo verschrikkelijk graag willen handhaven, moet gewoon 'de kast in'. Het moet verdrongen worden tot onder de oppervlakte van hun bewustzijn.

Dat is gewoon ziek. Het betekent dat elk probleem dat aangepakt moet worden in de levens van deze mensen en dat elke wond die geheeld moet worden, nooit aangepakt of geheeld kan worden. Alle emotionele en geestelijke ziekte wordt behandeld als een aanklacht en wordt daarom toegedekt met godsdienstige voorwendsels. De gevolgen hiervan zijn natuurlijk heel verwoestend. Iedere neurose, zegt Scott Peck, is het gevolg van de weigering om de waarheid onder ogen te zien. Je kunt de werkelijkheid tijdelijk toedekken met een mooi gepoetst buitenkantje, maar uiteindelijk wint de werkelijkheid altijd. Daarom functioneren wetticistische individuen en kerkgenootschappen vaak zo slecht. Alles wat naar buiten moet, wordt opgedirkt. Wat er met Jimmy Swaggart gebeurd is, is denk ik een klassieke illustratie.

In elk geval is het, denk ik, volmaakt helder dat de spits van Jezus' onderwijs is, juist het *tegenovergestelde* te doen van wat het wetticisme doet. In plaats van aan te zetten tot prachtige wapenfeiten van zelfverdienste (die leiden tot het ontkennen van de zondige werkelijkheid van ons innerlijk leven), probeerde Jezus een einde te maken aan alle pogingen om het zelf te doen, door ons zover te krijgen dat wij die zondige realiteit van ons innerlijk leven zouden gaan onderzoeken. En dat werkt, als je tenminste goed naar Hem luistert.

Als je de *onmogelijkheid* van Jezus' idealen inziet, als je het uiteindelijk *opgeeft* om te proberen met je eigen inspanningen indruk op God te maken, als je eindelijk beseft dat alles wat je voor God bent en ooit zult zijn, te danken is aan *Gods* prestaties en niet aan de jouwe, dan pas ben je vrij en kun je zien wat er in je leven nu eigenlijk allemaal écht aan de hand is. Dan ben je vrij om open en eerlijk te zijn over je fouten, tekortkomingen, zonden, enz. Dan zie je in dat je er niets mee wint als je pretendeert iets te zijn wat je niet bent. Zoals een vriend van me (Jeff Van Vondren) vaak zegt: 'Pas als het *onbelangrijk* is geworden hoe de dingen er *uitzien*, kun je hoe de dingen *zijn aanpakken* en *veranderen*'. Elke psycholoog kan je vertellen dat dit de belangrijkste voorwaarde is voor alle geestelijke en emotionele (en spirituele) gezondheid!

Kortom: het kruis van Christus en de genade van God betekenen dat het veilig is om voor God echt te zijn, eerlijk, en dus gezond. Hoe relatief 'goed' of 'slecht' iemand is, doet er helemaal niet toe. Genade is, zoals u dat zo welsprekend zei, pa, 'een verdraaid revolutionair concept.'

Sorry voor mijn 'preek', maar ik beschouw dit inzicht als het meest centrale, maar ook het meest verkeerd begrepen punt van het christelijk geloof. Maar laat me nu naar uw vraag gaan over *hoe* de dood van Christus voor u vergeving kan bewerken.

Eerlijk gezegd, pa, weet ik eigenlijk niet hoe dat in zijn werk gaat. De kerk heeft nog nooit een definitieve theologie over ontwikkeld over hoe wij rechtvaardig gemaakt worden voor God door het werk aan het kruis (de zgn. 'verzoening'). Maar dat hoeft ons, denk ik, niet te verbazen. Als we de fundamentele structuur van de fysieke werkelijkheid met ons verstand al niet kunnen doorgronden – en de wetenschap komt steeds meer tot die conclusie – moeten we er dan vreemd van opkijken als de belangrijkste daad waardoor God de wereld verlost heeft, ook in mysteriën gehuld is? Ik denk van niet. Maar desondanks zijn er twee dingen die ik zou willen zeggen en die de zaak voor u wellicht een beetje kunnen verhelderen.

In de eerste plaats, pa, is het belangrijk dat u beseft dat Jezus maar niet een 'gewone man' was, wiens dood, ongeveer tweeduizend jaar geleden, ervoor zorgt dat God u nu 'laat lopen'. Jezus was niet een onschuldige 'derde' die door God gestraft werd in onze plaats. Nee, Jezus is *zelf* zowel God als mens. Hij is niet alleen degene die veroordeeld is voor de misdaad; Hij is degene tegen wie de misdaad gepleegd is en degene die het vonnis voor de misdaad velt. De Rechter zelf werd de veroordeelde! Er is dus geen 'derde' in deze transactie, pa. Er zijn maar twee partijen – de volkomen heilige God en de zondige mensheid – en de Jezus die voor ons gestorven is, is *beide*. Dat is geen onrechtvaardigheid, pa; dat is onbegrijpelijke liefde.

In de tweede plaats denk ik dat we (overigens zonder nu te proberen precies te verklaren *hoe* de verzoening in zijn werk ging en of dat nu *moest* op de manier waarop het ging), genoeg inzicht in de Schrift hebben gekregen om het feit *dat* het ging zoals het ging te begrijpen. We kunnen zeggen *waarom* Jezus voor ons gestorven is, zonder ons te wagen aan de uitspraak dat Hij *moest* sterven voor ons.

Ik geloof dat er drie overwegingen zijn die ons kunnen helpen Jezus' dood voor ons begrijpelijk te maken. In de eerste plaats is God een volkomen heilige God. Zonde is dus fundamenteel onverenigbaar met Hem. Zonde is net zo tegengesteld aan zijn natuur als bijvoorbeeld arsenicum dat is aan de onze. En wat meer is: omdat God volmaakt is, moet Hij in Zichzelf consistent zijn. Als er bij God ooit sprake zou zijn van inconsistentie met zijn eigen wezen, dan zou Hij dat alleen maar in de richting van onvolmaaktheid kunnen zijn. Daarom is God volmaakt tegengesteld aan de zonde en Hij is volmaakt consistent en onverdeeld in deze tegenstelling.

Maar in de tweede plaats is heiligheid niet het enige kenmerk van God; God is ook volmaakt in zijn liefde. 'God is liefde', zegt de Bijbel. Uit deze liefde schiep Hij schepselen buiten Zichzelf en Hij is doorgegaan met ons intens lief te hebben, ook al zijn we wereldwijd in zonde gevallen. Ondanks onze zonde wil God dat wij eeuwig met Hem zullen leven.

Maar dit roept wel een heel groot probleem op en daarover gaat mijn derde overweging. Dat probleem is: hoe kunnen geschapen wezens die hopeloos in de zonde vastzitten zó veranderd worden dat zij weer verenigd kunnen worden met een volmaakt heilige God die noodzakelijkerwijs tegengesteld is aan alle zonde? Ik denk dat daarvoor twee dingen moeten gebeuren.

1. Onze zonde moet 'verzoend worden'. Die zonde kan namelijk niet simpelweg door de vingers gezien worden. (*Onze* neiging om dat soms wel te doen, is te wijten aan onze in moreel opzicht onvolmaakte aard, ook al voelen zelfs *wij* het als onrecht wanneer ernstige misdaden ongestraft blijven. Het recht moet zijn loop hebben!)

2. Wij moeten *veranderd* worden in wezens die *wel* met God verenigd kunnen worden en die dus volmaakt zijn. Als een van deze beide zaken wordt nagelaten, moet ons eeuwige leven worden doorgebracht als arsenicum in de maag van God!

De grote vraag wordt dus: hoe krijg je die twee dingen voor elkaar? De Bijbel leert dat het de mensheid nooit op eigen kracht zal lukken. Daar is onze zondige toestand veel te ernstig voor. Als we aan onszelf worden overgelaten, wíllen we niet eens 'betalen' voor onze eigen zonden, en zelfs als we dat wel zouden willen, dan zouden we de (eeuwige) dood moeten sterven om dat te bereiken. Sterker, onze zondige situatie is van dien aard dat we van onszelf helemaal niet willen veranderen. En

zelfs als we dat wel wilden, dan konden we het niet. Onze slavernij in dienst van de zonde verhindert dat we naar volmaaktheid in heiligheid verlangen, laat staan dat we die volmaaktheid bereiken.
Dus, willen die twee dingen volbracht worden, dan moeten ze door God zelf volbracht worden, niet door ons. En dit, pa, is exact wat de Bijbel zegt dat er gebeurde in het leven en de dood van Jezus Christus. In Jezus heeft de liefde van God zijn eigen gerechtigheid verteerd, geabsorbeerd. Uit liefde voor de mensheid heeft God aan zijn eigen morele norm voldaan door de zonde van de mensheid en de straf die daarbij hoorde in Zich te verteren. Als mens werd God 'tot zonde gemaakt, opdat wij zouden worden gerechtigheid Gods in Hem' (2 Korintiërs 5:21). In Jezus betaalt de mensheid voor haar zonde en God oordeelt rechtvaardig over die zonde, want Jezus is God en mens tegelijk. Zodoende is de zonde verzoend en is niet langer breekpunt tussen God en mens. Zo wordt dus door Christus voldaan aan de eerste noodzakelijke voorwaarde om ons voor eeuwig met God te kunnen verenigen.
Christus vervult ook de tweede noodzakelijke voorwaarde voor de mensheid om met God verenigd te kunnen worden – wij worden voor eeuwig veranderd! De Bijbel zegt, dat als je aanvaardt wat God voor je gedaan heeft in Jezus Christus, God je zijn *eigen volmaakte rechtvaardigheid* geeft, de enige soort rechtvaardigheid die bij God 'past'. In zijn brief aan de Romeinen zegt Paulus: 'Hem echter die niet werkt (Gods liefde tracht te verdienen door eigen goed gedrag) maar zijn geloof vestigt op Hem die de goddeloze rechtvaardigt, *wordt zijn geloof gerekend tot gerechtigheid*' (4:5). Als u vertrouwt op Christus als uw enige hoop op verlossing, pa, dan vergeeft God niet alleen al uw vroegere, tegenwoordige en toekomstige zonden (voorwaarde 1), maar dan geeft Hij u ook zijn eigen volmaakte rechtvaardigheid (voorwaarde 2). En dat laatste kan Hij geven, omdat Hij het eerste heeft gedaan. U hebt dan een nieuwe *op God gelijkende* natuur gekregen. „Zo is dan wie in Christus is een nieuwe schepping", zegt de Bijbel. „Het oude is voorbij gegaan, zie het nieuwe is gekomen" (2 Korintiërs 5:17).
Dit betekent natuurlijk niet dat mensen volmaakt zijn vanaf het moment dat zij hun leven aan de Here geven. Aan een gelovige wordt een 'nieuw zelf' gegeven, een zelf dat bepaald wordt door de rechtvaardigheid van God. Maar toch leeft hij nog onder de gewoonte van de slavernij aan de gedachten, emoties en gedragingen van 'zijn oude zelf', het zelf dat bepaald wordt door alles wat niet met God te maken heeft. Aan de gelovigen wordt dus een nieuwe natuur gegeven. Dat is wat zij in werkelijkheid zijn. Maar toch leven ze nog tot op zekere hoogte in tegenspraak met deze nieuwe natuur. Pas in de hemel zal deze gave van Gods eeuwige rechtvaardigheid volmaakt van ons afstra-

len. Pas daar zal 'het oude zelf' te kijk staan als de leugen die het in werkelijkheid is. De tijd die wij op aarde na onze bekering doorbrengen, kenmerkt zich gewoon door een langzame groei naar dit doel.
Ik zou nog veel meer kunnen zeggen over het werk van Christus als ik er de tijd voor had om daar op in te gaan. Ik denk dat het ons veranderen om met de Vader verenigd te kunnen worden een belangrijk motief voor het werk aan het kruis was. Maar er zijn nog meer beweegredenen. De Bijbel maakt bijvoorbeeld duidelijk dat de dood van Jezus aan het kruis op de een of andere manier ook een dodelijke klap betekende voor satan en zijn demonische machten, die toch sinds onze val de wereld belegerd hebben. (Zie Kolossenzen 2:14 v.v. en Hebreeën 2:14). Het is ook duidelijk dat Jezus gekomen is om ons te onderwijzen, om God zichtbaar te maken voor ons, om ons een volmaakt menselijk voorbeeld te geven om na te volgen, en ook om nog verschillende andere dingen te volbrengen. Het lijkt heel passend voor Gods wijsheid om in één klap een heel stel vliegen te doden. Maar we kunnen nu niet op deze motieven ingaan.

Nou, ik hoop dat wat ik gezegd heb u weer wat verder helpt, pa. Laat me daar nog een laatste woord aan toevoegen. Het werk van Christus lijkt op een bankrekening met een miljard gulden erop, die God voor ieder van zijn kinderen afzonderlijk heeft weggelegd om die helemaal vrij te erven. En Hij wil dat iedereen zijn kind is. Maar alles ligt daar maar een beetje, volstrekt waardeloos, totdat *u persoonlijk uw geboorterecht* gaat claimen, pa. U moet die erfenis aanvaarden. Gods prachtige verlossingsplan werkt helemaal niets uit, wanneer niemand het tot het zijne maakt. Maar als iemand erft, dan erft hij het allemaal! Ook al bent u een zondaar, u komt meteen voor de Vader te staan met de rechtvaardigheid van Jezus Christus als u gelooft. Hij vindt geen enkel plekje op u! 'Zo ver het oosten is van het westen', zegt de Bijbel, 'zo ver doet Hij onze overtredingen van ons' (Psalm 103:12). U mag uw Schepper, die ook uw Verlosser is, met vreugde onder ogen komen, zonder vrees.
Mijn gebed voor u, pa, is dat het begrijpen handelen wordt en dat u zult aannemen dat dit alles waar is, ook voor u. Beërf het koninkrijk!

Met al mijn liefde en in hoop,

Greg

Achtentwintigste briefwisseling

Hoe kan ik tegelijkertijd heilig en zondig zijn?

12 september

Beste Greg,

Bedankt voor je korte verhandeling over de vraag waarom Jezus moest sterven. Heel informatief. Het werpt ook wat licht op iets waar ik al een poosje niet goed uitkom.

Jouw begrip van Gods genade is zo merkwaardig, Greg, dat ik bijna geloof dat het wel een openbaring van de Almachtige *moet* zijn, omdat ik me niet kan voorstellen dat iemand zo'n tegen alle intuïtie ingaand verhaal bij elkaar verzint! Het gezonde verstand zegt dat mensen naar de hemel of naar de hel gaan afhankelijk van de vraag of ze goed of slecht geweest zijn. Ik heb altijd gedacht dat christenen dat geloofden. Maar jij zegt dat daar helemaal niets van klopt. Begrijp ik je wel echt goed? Je komt erin of blijft buiten afhankelijk van je geloof in Christus. Dat is absoluut revolutionair!

Ik ben nog niet zo ver dat ik mijn 'begrijpen handelen wil laten worden', zoals jij dat noemt. Maar ik vermoed dat dat gewoon een kwestie van tijd is. Ik weet dat als ik me daaraan bind, het écht moet zijn. En voor mijn gevoel is het daar gewoon de tijd nog niet voor.

Intussen heb ik nog wel een andere vraag over dat verlossingsverhaal. Het komt erop neer dat ik niet snap hoe ik helemaal heilig kan zijn voor God, ook al weet ieder ander die me kent dat ik helemaal niet heilig ben. Is God blind of zoiets? Maar misschien begrijp ik je wel verkeerd. Je zegt dat onze zonden ons *vergeven* moeten worden en dat we *veranderd* moeten worden als we een relatie met God willen hebben. Nou, ik kan nog wel begrijpen dat God onze vroegere zonden om Jezus' wil vergeeft, maar ik zie nog niet dat christenen *in het heden* veranderd zijn. Hoe kunnen christenen nu volkomen verenigbaar zijn met God in het heden als ze nog niet volkomen veranderd zijn? Als één zonde ons van God kan scheiden, dan zal het niet veel helpen dat mijn vroegere zonden vergeven zijn, want je kunt er nu al donder op zeggen dat ik het elke dag zal verpesten. Dus, Greg, leg me eens uit hoe ik tegelijk heilig en zondig kan zijn.

Met heel mijn liefde,

Vader

✍

3 oktober 1991

Beste vader,

Ik vond het een schitterende vraag die u in uw laatste brief stelde. Ik weet niet of u het in de gaten hebt, maar onze brieven komen in een andere 'versnelling' terecht. We zijn helemaal niet meer aan het argumenteren *of* het christelijk geloof waar is (apologetiek). We discussiëren nu veel meer over de vraag *hoe* het christelijk geloof waar is (theologie). Uw vragen lijken nu veel meer voort te komen vanuit het gezichtspunt van iemand die *gelooft*. Dat vind ik geweldig. Het is gewoon 'een kwestie van tijd', zoals u zegt, maar dat heb ik altijd geloofd!
Goed, hoe kunnen we op hetzelfde moment een heilig en zondig zijn? Dat zal ik uitleggen met een vergelijking. Toen God in het begin de wereld schiep, *zei* Hij: 'Er zij licht' en *er was* licht. Hij *zei*: 'Laat het droge te voorschijn komen', en *het was alzo*. Enzovoort. We zien dus, dat het Woord van God de werkelijkheid schept die het spreekt. Om een filosofische term te gebruiken: Gods Woord is 'ontologisch productief'. Het schept het zijnde.
Nu is onze verlossing niet minder het resultaat van Gods Woord dan onze schepping. Als God zegt: 'Alle zonden uit het verleden van Ed Boyd zijn weg', dan *zijn* al uw zonden weg! Als God zegt: 'Ed Boyd is volmaakt heilig voor Mij', dan *bent* u volmaakt heilig voor Hem! Gods Woord bepaalt wat echt is en wat waar is. Niets of niemand kan twisten met God. 'Als God voor ons is, wie zal tegen ons zijn?', zegt de apostel Paulus. 'God is het die rechtvaardigt' (Romeinen 8). Dus als God zegt

dat u rechtvaardig bent op grond van uw geloof, pa, *dan bent u rechtvaardig*!
Maar Gods verlossingswoord verschilt in één belangrijk opzicht van Gods scheppingswoord. Toen God zijn scheppingswoord sprak, was er niets dat daar weerstand tegen bood. Alleen het niets was er. Maar als God zijn verlossingswoord spreekt, is er wel iets wat daar tegenin gaat. Want er bestaat al een Ed Boyd, die vol zit met oude gedachten, daden, gevoelens, enz. En veel aspecten van dit 'oude zelf' gaan in tegen wat God over u zegt.
Nu gaat God niet gewoon die 'oude' Ed Boyd vernietigen en een nieuwe Ed Boyd scheppen. Als Hij dat deed, dan werd u helemaal niet gered: dan zou Hij een heel andere persoon scheppen. Maar u, in al uw oude zonden, u bent het van wie God houdt en die Hij wil redden. Dus Hij werkt eraan om u en mij en iedereen *van binnenuit* te herscheppen.
Wanneer u uw vertrouwen op de Verlosser stelt, pa, dan spreekt God het woord van uw eeuwige rechtvaardigheid, van uw smetteloze volmaaktheid uw leven binnen. En dat is dan 'het meest waar' over u. Toch walst God niet gewoon heen over wat er al was. Hij maakt het domweg 'onwaar'. Het is niet langer de diepste waarheid over u. Daarom wordt dat 'het *oude* zelf' genoemd. En op den duur zal de waarheid, het 'nieuwe zelf', dit 'oude zelf' ontgroeien.
We worden dus tot nieuwe schepselen in Christus gemaakt op het moment dat we gaan geloven. Al onze zonden worden opgenomen door het kruis en heel de rechtvaardigheid van Christus wordt ons toegerekend. We hebben *vergeving* gekregen en we zijn *veranderd*. Maar dat feit wordt niet direct merkbaar in ons leven. Onze 'oude' (en nu onjuiste) manier van denken aanvaardt vaak het feit van onze vergeving niet. Onze 'oude' (en nu onjuiste) manier van leven verzet zich tegen de verandering die God in ons hart heeft bewerkt. Het kost gewoon tijd voordat onze oude (en nu onware) identiteit afgestorven is. Die werd bepaald door al onze vroegere ervaringen, neigingen, gevoelens en ambities. Pas in de hemel zal onbevlekt aan het licht komen, wie we 'werkelijk zijn'.
Hoe kunnen gelovigen nu dus op hetzelfde moment heilig en zondig zijn? Vanuit het oogpunt van hun herschapen *essentie* zijn ze heilig, maar bezien vanuit de vraag hoe deze essentie zich *manifesteert* in hun gedachten, gevoelens en daden, zijn ze toch zondig. Vanuit Gods perspectief op hoe zij zullen *worden*, zijn de gelovigen heilig, maar vanuit *hun eigen* perspectief op wat zij *nu* zijn, zijn ze zondaars. In termen van de *ultieme waarheid*, als door God gedefinieerd, zijn ze heilig, maar in termen van de *ultieme onwaarheid*, als gedefinieerd door elke andere bron dan God, zijn ze zondaars. In termen wie zij zijn '*in Christus*', zijn ze volmaakt heilig, maar in termen van hoe ze '*in zichzelf*'

zijn, los van Christus, zijn ze helemaal zondaars. Begrijpt u wel, pa? Christenen hebben dus allemaal iets van een vlinder in een cocon. Er zit een leven van schoonheid, van vliegen, van gratie in ze – dat is wat zij in werkelijkheid zijn – maar dit leven zit opgesloten in iets wat intrinsiek tegengesteld is aan schoonheid, vliegen en gratie. Ze zijn voorbestemd om te vliegen, maar voorlopig is hun leven een leven van overgang. Het zijn vlinders die aan het verpoppen zijn.

Wat volgens mij heel belangrijk voor u is om te beseffen, pa, is dat de manier waarop christenen geleidelijk worden bevrijd van hun 'oude zelf' er niet een is van hun eigen harde werk, maar gewoon van de Here toelaten om de 'vlinder' in hen te bouwen en sterk te maken. Het enige voedsel dat de verloste zielen eten, is Gods liefde. Daarom is het alleen als we rusten in de liefde die God voor ons heeft (ook al zitten we nu nog in de cocon), dat we sterker en sterker worden en steeds meer gemotiveerd raken om uit die cocon te komen. Terwijl we Jezus ons laten liefhebben zoals we zijn, raken we er steeds meer van overtuigd dat we eruit *kunnen* breken, dat we bevrijd *kunnen* worden, dat we *kunnen* vliegen – en wat meer is, dat we dat ook *willen*.

Dus, pa, denk nu geen moment dat u *zichzelf* wel kunt bevrijden uit die cocon, of dat u op eigen kracht het zelfs maar heel erg kunt *willen* om bevrijd te worden. De motivatie en de kracht om een leven te leiden zoals God dat wil, komen pas als Gods leven al in u woont. Verandering is het gevolg, niet de oorzaak van uw verlossing.

Het enige wat u daarom wel moet doen, pa, is Gods leven in u laten wonen. Dat doet u door te belijden dat u een zondaar bent die geen enkele hoop in zichzelf heeft en door Jezus Christus te aanvaarden als uw Verlosser. Laat God u liefhebben en aanvaarden *zoals u bent*. Dan zult u langzaamaan een innerlijk verlangen en een innerlijke kracht gaan voelen om iets anders te worden dan u bent. Laat Hem u redden – dat is het enige waar u zich druk om moet maken. Waarom zou u dat nog langer tegenhouden, pa?

Ik hoop dat dit verhaal het allemaal een beetje duidelijker maakt.

In liefde, hoop en afwachting,

Greg

Negenentwintigste briefwisseling

Hoe kan ik er nu zeker van zijn dat het allemaal waar is?

11 november 1991

Beste Greg,

Ik hoop dat het op het ogenblik goed gaat met jou en je gezin. Ik zag dat jullie helemaal ondergesneeuwd waren de afgelopen paar weken. Was me dat een storm bij jullie met Halloween! Dat brengt een paar heel onplezierige herinneringen bij me naar boven. De hitte van de zomer mag dan erg zijn hier in het zuiden, maar ik hoef in ieder geval mijn rug niet te breken in een poging om me een weg te graven naar het einde van de oprit! Hoe dan ook, je weet niet half hoezeer Jeanne en ik ernaar uitkijken om jullie allemaal hier te hebben volgende maand tijdens jullie 'moeder van alle vakanties': Disney World.

Goed, terug naar ons 'debat' (als je dat tenminste nog zo kunt noemen). In je vorige brief zat nogal wat zware theologie en ik ben er niet zeker van dat ik alles gesnapt heb. Het onderscheid dat je maakt tussen onze 'essentie' en hoe die 'zich manifesteert' is nogal moeilijk te begrijpen. Maar misschien is het probleem ook wel dat het te mooi klinkt om waar te zijn. Ik weet het niet. In ieder geval ben ik geneigd het te geloven. Want als het onderscheid dat jij maakt (of iets wat erop lijkt) niet waar is, heeft niemand ook maar de geringste kans in de hemel te komen.

Dit is het punt waar ik aangeland ben, Greg. Ik wil graag geloven, maar ik vind het moeilijk om dat oprecht te doen. Ik bedoel, je hebt je geloof heel sterk verdedigd en je hebt antwoord gegeven op al mijn tegenwerpingen en vragen. Maar toch heb ik nog steeds het gevoel dat ik met de hele handel nog een beetje in de lucht hang. En ik zou niet weten waarom. Hoe kun je er nu echt *zeker* van zijn dat het allemaal waar is?

Ik blijf maar zitten met de gedachte dat er misschien iets is wat wij gemist hebben. Misschien zit er ergens in jouw argumentatie een denkfout die ik over het hoofd gezien heb. Misschien zijn er een paar belangrijke feiten over Christus in jouw historische schets van Hem overgeslagen. Of misschien zijn ze nog niet ontdekt, maar zullen ze wel jouw hele argumentatie op zijn kop zetten zodra ze ontdekt zijn. Waarom verwerpen andere, zeer intelligente mensen, waaronder veel geleerden, jouw argumenten en daarmee het christelijk geloof?
Voor mijn gevoel sta ik voor de kloof die mij scheidt van het geloof, maar ik heb het vertrouwen nog niet om de sprong te wagen. Ik twijfel nog, maar ik heb geen idee wat je verder nog tegen me zou kunnen zeggen om die twijfels te verzachten. Misschien heb ik gewoon meer tijd nodig.
Geef me eens een goede raad.

Liefs,

Vader

✍

22 november 1991

Beste vader,

Ik stel uw eerlijkheid op prijs, pa – dat heb ik trouwens de hele tijd gedaan. Ik heb ook grote bewondering voor uw integriteit. Ik wou dat ik iets meer had van dat karakter dat absoluut weigert onoprecht te handelen.
Om heel eerlijk te zijn, eigenlijk weet ik niet hoe we nu verder moeten met onze discussie. Mijn rol als 'apologeet' lijkt zo ongeveer ten einde, maar misschien is wat pastoraal advies hier wel op zijn plaats – als u het tenminste niet erg vindt om dat van uw zoon te krijgen. Laat me een paar suggesties doen.
Eerst over die intellectuele twijfel die maar op de achtergrond blijft hangen. Ik raad u aan om van tijd tot tijd onze briefwisseling nog eens goed door te lezen. Soms gaat de kracht van een argument in de loop van de tijd wat achteruit. Je kan vergeten waarom je een bepaald argument overtuigend vond en dan kan je er weer aan gaan twijfelen. Dat gebeurt mij steeds bij een heleboel verschillende onderwerpen. Als dat gebeurt, dan ga ik naar zo'n onderwerp terug en kijk ik het nog eens

over. Soms merk ik dat ik inderdaad iets over het hoofd heb gezien en dan is daarmee de zaak heropend. Maar andere keren kom ik gewoon opnieuw tot een bevestiging van de geldigheid van een kwestie die ik oorspronkelijk al als juist had aanvaard. In beide gevallen helpt het om terug te gaan. Als u vindt dat we iets over het hoofd gezien hebben, laten we dan toch vooral de discussie daarover heropenen.

In de tweede plaats, pa, vraag ik me af of u geen verkeerd idee hebt van het soort zekerheid waar het in geloof om draait. Wat de mensen ook geloven, pa, hun geloof zal altijd verder gaan dan wat het bestaande bewijs van hen *verlangt* te geloven. Daarom is het juist een *geloof* en geen zekerheid. Dat gaat altijd op, of iemand nu gelooft dat het christelijk geloof waar is, of dat hij dat niet gelooft. Op intellectueel niveau brengen beide standpunten een zeker risico met zich mee. Je kunt domweg over geen van beide standpunten het soort zekerheid hebben dat je in de wiskunde hebt. De vraag is niet welk geloof in strikte zin door het bewijs *vereist* wordt, maar welk geloof ondersteund wordt door het *beste* bewijs. Ik geloof, en ik denk dat u dat ook gelooft, dat het christelijk geloof veel meer te bieden heeft als wereldbeschouwing dan welk alternatief ook maar. Maar wij komen geen van beiden in strijd met de logica als we dat ontkennen.

Er is dus altijd sprake van een 'sprong' als je ergens in gaat geloven. Maar wat ik zou willen, pa, is dat u zou inzien dat u die 'sprong' *al aan het maken bent*. Iemand die ervoor kiest om niet te geloven, of zelfs maar zijn oordeel op te schorten, neemt in feite een heel groot risico, een enorme 'geloofssprong', omdat hij het bij het verkeerde eind kan hebben, en dat kan ernstige consequenties voor hem hebben. Dat is zoiets als wanneer je in huis bent en buiten schreeuwt er iemand: 'Brand!' Je kunt kiezen of je dat gelooft of niet – en je taxeert het bewijs zorgvuldig (ruik je rook? zie je ergens vlammen? enz.). Je kunt ervoor kiezen het te geloven en het risico te lopen voor gek te staan als je je huis uit komt rennen en het een grap blijkt te zijn. Maar je kunt ook kiezen het niet te geloven en het risico lopen dat alles verbrandt. Als je ervoor kiest om je oordeel op te schorten, dan loop je precies hetzelfde risico. Er is dus domweg geen 'risicovrij' standpunt, ook niet het standpunt van geen standpunt in te nemen.

Om even van beeld te wisselen: ik denk dat het leven veel weg heeft van een rijdende trein. We zitten allemaal in een trein die met een steeds toenemende snelheid op een ravijn af dendert. We weten niet wanneer we zullen ontsporen, maar we weten zeker dat dat *ergens* gaat gebeuren. Sommige passagiers zeggen dat je geloof je deze ontsporing zal laten overleven, anderen zeggen van niet: we zullen allemaal gewoon sterven. Je hebt maar een heel klein beetje tijd om te beslissen. De beslissing om geen beslissing te nemen is *ook* een beslissing, want

de vraag of je het zult overleven hangt af van wat je gelooft – als de mensen die dit beweren het tenminste bij het rechte eind hebben. Dus je weegt alle beschikbare bewijzen voor elke bewering tegen elkaar af, je overweegt de mogelijkheden, alle risico's – en de trein gaat steeds harder. Het ravijn komt steeds dichterbij. Wat gaat u beslissen?
Het verstandigste wat u kunt doen, pa, is geloven! Het bewijs is sterk. De alternatieven zijn naar verhouding zwak. En het risico van niet geloven is veel groter dan van wel geloven. Zoals Blaise Pascal zei (in zijn beroemde 'Weddenschap van Pascal'): Als het christelijk geloof niet waar is, heb je niets verloren. Als het wel waar is, heb je de eeuwigheid verloren. Het is dus duidelijk dat je maar het beste op het christendom kunt wedden.
Laat me daar nog één ding aan toevoegen. Het geloof is voor iemand die in uw schoenen staat veel onzekerder dan voor iemand in mijn positie. Want als je eenmaal christen bent, als je eenmaal Christus als je Verlosser aanvaardt en de relatie met Hem verder begint uit te bouwen, gaat de zekerheid van je geloof groeien. Christus wordt een *levende realiteit*. Dan ken je Hem niet meer alleen (en zelfs voornamelijk) op grond van het bewijs, maar op basis van een *ervaren* relatie.
Daarom smeek ik u, pa, zet uw leven op Christus. Al lijkt dat nu 'riskant', in de loop van de tijd wordt dat vanzelf veel minder. Er is tenslotte niets te verliezen, maar wel alles te winnen.
Ik heb nog één laatste stukje 'pastoraal' advies voor u. Ik weet zeker dat veel van uw reserve ten aanzien van het christelijk geloof niets te maken heeft met bewijs, maar dat het gewoon voortkomt uit het feit dat het allemaal erg nieuw voor u is. Het lijkt 'onwerkelijk' omdat u nooit eerder zo gedacht hebt. Het is een compleet nieuwe manier van naar uzelf en naar de wereld kijken. Het is een nieuwe manier van leven. Het is dus niet verbazingwekkend dat u daar wat gereserveerd tegenover staat.
Wat u zal helpen, pa, is als u langzaamaan gewoon eens probeert er een beetje 'in te komen', in de christelijke manier van denken en leven. Dat is ook een deel van de 'weddenschap'. U begint gewoon met al uw kaarten open te leggen, want dat is de beste weddenschap, maar geleidelijk wordt het dan voor u ook de werkelijkheid. U groeit er als het ware in.
Daarom stuur ik u een paar bandjes met christelijke muziek waarvan ik denk dat u die wel mooi zult vinden. Ik raad u aan daar eens naar te luisteren als u tijd heeft. Ik denk dat dat u zal helpen om in het christelijke leven 'groeien'. Als u er naar luistert, denk dan eens na over de teksten. Probeer u de boodschap waarover gezongen wordt voor te stellen. Laat de schoonheid van Christus tot u komen via de muziek; dan zult u merken dat u geleidelijk meer van Christus gaat houden.

Ik stuur u ook een Bijbel en wat geestelijke lectuur. Ook dat zal u helpen om te 'groeien' in het geloof. Ik raad u aan om te beginnen bij het evangelie van Johannes. Lees dat eens heel langzaam door, denk er rustig over na en zit er niet over in als u een heleboel onbegrijpelijk vindt. Zie maar wat u eruit haalt. Doe hetzelfde met de geestelijke lectuur die ik u ook gestuurd heb en laat het allemaal maar zoveel mogelijk bezinken.

Ik raad u ook aan om een bijbelgetrouwe kerk in de omgeving te gaan bezoeken. Ik weet hoe u over kerken denkt, dus misschien moet dit idee voorlopig op een laag pitje gezet worden. Maar toch kan het echt helpen om samen met medegelovigen te bidden.

Ten slotte, pa, raad ik u aan om te proberen af en toe gewoon met God te praten. Dat hoeft niet iets formeels zijn – ik weet dat u daar iets tegen heeft sinds uw rooms-katholieke tijd. Maar praat gewoon tegen Jezus zoals u tegen mij praat. Voor zover u dat kunt (maar maakt u zich daar geen zorgen over), moet u proberen zich met uw ogen dicht Jezus voor te stellen en op een heel gewone manier met Hem te praten. Bij mij werkt het heel goed als ik dat doe met zachte christelijke muziek op de achtergrond. Ongetwijfeld zal dat in het begin vreemd lijken en zult u zich een beetje opgelaten voelen, maar daar went u in de loop van de tijd wel aan.

Het eenvoudige gebed is het waar alles mee begint, pa, het gebed waarvan de Bijbel zegt dat het de verlossing zelf is. Dat zou bijvoorbeeld ongeveer zo kunnen luiden:

> *Here, ik weet dat ik een zondaar ben en daar heb ik berouw over. Ik geloof dat U voor mijn zonden gestorven bent, zodat ik voor eeuwig met U in de hemel mag leven. Daarom wil ik U nu aannemen als mijn Here en mijn Verlosser. Kom mijn leven binnen, Here Jezus, en maak me zoals U mij hebben wilt.*

Dit is het soort gebed dat elke christen bidt als hij christen wordt. Door zo'n eenvoudig gebed wordt een mens onmiddellijk smetteloos voor God de Vader. Niets van wat u ooit nog zult doen in uw leven maakt u volmaakter voor God dan u al bent op het ogenblik dat u dit gebed uitspreekt. En als u dat doet, pa, dan kan het zijn dat het voor uw gevoel geen verschil maakt, maar de Bijbel zegt dat alle engelen in de hemel en de Here God zelf in gejuich zullen uitbarsten en zullen feestvieren. En u kunt erop rekenen dat ik meedoe!

Dus, pa, de vraag is helemaal niet welk risico je loopt als je in Christus gelooft. De vraag is wat je riskeert als je dat niet doet. Waag die sprong, pa. Daar zult u nooit spijt van krijgen.

Ik beloof dat ik contact zal houden. Ik hoop dat ik de volgende keer dat

ik u schrijf, de brief niet hoef te besluiten met 'in *hoop*', maar in plaats daarvan 'met *vreugde*'.
U weet hoeveel ik van u houd.

In oprechte hoop,

Greg

Ik geloof

Een bericht van Greg Boyd

Na mijn schriftelijke antwoord van 22 november werd de correspondentie tussen mijn vader en mij alleen nog maar telefonisch gevoerd. We belden elkaar een aantal keren en ik ben in de twee maanden die volgden op onze laatste brief uitgebreid bij hem op bezoek geweest. Het christelijk geloof was steeds het voornaamste (en vaak ook het enige) onderwerp van gesprek. En na elk gesprek verminderde mijn vaders aarzeling om zijn leven aan Jezus te verbinden. Eindelijk, op 15 januari 1992 gebeurde het dat Edward K. Boyd 'toegaf' en Jezus Christus als zijn persoonlijke Here en Verlosser aanvaardde.
Hieronder volgt een deel van de brief die hij me gestuurd heeft als vervolg op de belevenis van zijn bekering.

21 januari 1992

Beste Greg,

Nou, zoals ik je over de telefoon al vertelde, heb ik eindelijk 'de sprong gewaagd'. Halleluja! Terwijl ik hier zit en al onze correspondentie nog eens overlees, kan ik haast niet geloven hoe veranderd ik ben; van een betweterige wijsneus in een echte gelovige! Jeanne kan het ook haast niet geloven! De engelen van wie je gezegd hebt ze dat ze blij zijn met dit soort dingen, staan waarschijnlijk 'yes!' te roepen en op elkaars handen te slaan! Heb je het Anita al verteld? Ik wed dat die steil achterover slaat!
Als ik erop terugkijk geloof ik dat het voor mij allemaal echt begon te veranderen toen je mij wist te overtuigen van de inspiratie van de Bij-

bel en me hielp iets van de hel te begrijpen. Ik weet niet precies waarom, maar ik denk dat het toen was dat ik echt begon 'het licht te zien'. Rond die tijd begon ik sterk de indruk te krijgen dat mijn verdediging van het scepticisme ten diepste een verloren zaak was. Ik herinner me dat ik tegelijk verward was, een beetje bang, maar ook opgewonden toen ik tot dat besef kwam. Nu ben ik gewoon alleen maar verschrikkelijk blij. Als jij niet had volgehouden, zou het nooit gebeurd zijn, zoon. Ik wil graag dat je weet dat ik van je houd en je hier heel erg om waardeer.

Zoals je weet heb ik nog steeds een aantal vragen en ik weet dat we door zullen gaan tot we ook die klein hebben gekregen. Maar mijn houding is wel compleet veranderd. Ik stel mijn vragen niet langer als een scepticus, maar als een gelovige. Je hoeft je brieven niet langer te beëindigen met 'in hoop'.

Hou contact en bid voor me. Ik lees de laatste tijd veel in de Bijbel en ik begin er langzaamaan wat van te snappen. Maar alle materiaal dat me er een beetje bij kan helpen en dat je mij toe kunt sturen wordt op prijs gesteld. Bidden blijf ik moeilijk vinden, maar ik heb het idee dat ik dat waarschijnlijk in de loop van de tijd wel leer. Ik word er niet zenuwachtig van. Ik heb vergeving gekregen.

Veel liefs, in geloof (!)

Vader